Japanese
for
Busy
People III
The Workbook

# Japanese for Busy People III

## The Workbook

### For The Revised 4th Edition

Association for
Japanese-Language Teaching
AJALT

This icon ( ) means that there is free audio available. To download these contents, search for "Japanese for Busy People" at kodansha.us.

The Association for Japanese-Language Teaching (AJALT) was recognized as a nonprofit organization by the Ministry of Education in 1977. It was established to meet the practical needs of people who are not necessarily specialists on Japan but who wish to communicate effectively in Japanese. In 1992 AJALT was awarded the Japan Foundation Special Prize. In 2010 it became a public interest incorporated association. AJALT maintains a website at www.ajalt.org.

Published by Kodansha USA Publishing, LLC, 451 Park Avenue South, New York, NY 10016

Distributed in the United Kingdom and continental Europe by Kodansha Europe Ltd.



First published in Japan in 1996 by Kodansha International
Fourth edition 2024 published by Kodansha USA Publishing

Printed in South Korea
28 27 26 25 24   5 4 3 2 1

ISBN: 978-1-56836-631-9

Editorial supervision by Kodansha Editorial, Ltd.
Editing and DTP by Guild, Inc.
Illustrations by Shinsaku Sumi and Haruyo Yamaguchi
Cover design by Masumi Akiyama

Audio narration by Fumiaki Kimura, Shogo Nakamura, Asahi Sasagawa, Yuji Suzuki, Ritsu Takaku, Ai Tanaka, and Hiroaki Tanaka
Audio recording and editing by the English Language Education Council, Inc.

Photo credits: ©genki/PIXTA, 1. ©Piotr Adamowicz/PIXTA, 1. © ふじよ /PIXTA, 1. ©w/b/PIXTA, 1. © まちゃー /PIXTA, 39. ©Ichiro/PIXTA, 39. ©Ryuji/PIXTA, 39. ©tenjou/PIXTA, 39. ©K@zuTa/PIXTA, 39. ©gandhi/PIXTA, 39.

www.kodansha.us

# CONTENTS

# INTRODUCTION

## Aims

This workbook was revised in accordance with *Japanese for Busy People III, Revised 4th Edition* (hereafter referred to as "JBP III"). It is designed to help learners who have completed approximately 180 hours of Japanese language study to develop the four skills of Japanese, listening, speaking, reading, and writing, in a well-balanced manner, to complete the acquisition of beginner-level Japanese, and to make a smooth transition to the intermediate level. It can be used in parallel with JBP III or on its own, either in the classroom or for self-study. It is also recommended as an enjoyable and efficient way to improve Japanese language skills for learners who have completed general beginner level materials but feel they are not yet proficient enough to use the language.

## Features of the Workbook

This Workbook contains an abundance of exercises following the topics introduced in each lesson of JBP III, which include the following seven types of practices and exercises.

### 1) PRACTICE

These exercises are designed to strengthen the basics and improve speaking skills. They range from basic exercises for checking vocabulary and conjugation to more applied exercises in a conversational style. Corresponding study topics are indicated so the target of the exercises is clear.

### 2) LISTENING CHALLENGE

In actual conversation, more important than speaking ability is listening ability—to be able to accurately understand what the other person is saying. Here, you can check your understanding by listening to the downloaded audio and answering the questions. Scripts and their English translations can also be downloaded.

### 3) READING CHALLENGE

This is an exercise to develop reading skills. Check how much you have understood by answering questions after reading short passages. English translations are available for download.

### 4) READING & SPEAKING

These are exercises to develop reading and speaking skills. You can learn conversation forms in three steps: by reading passages, retelling by looking at illustrations, and by making your own passage and saying it following a pattern.

### 5) READING & WRITING

These are exercises to develop your reading and writing skills. You can practice writing about yourself after reading several passages or reading an e-mail and writing a response to it.

### 6) TASK

This is in Lesson 24 and is a task in which learners follow a flow of instructions to create a conversation while thinking about the content.

### 7) FURTHER PRACTICE

This is placed at the end of each unit and are composed of Reading & Listening. Reading uses not only the kanji learned in the textbook, but also kanji that are normally used by the Japanese. In addition, the text is not separated with spaces. In Listening, students listen to an audio recording that includes vocabulary not yet studied, so that students can practice listening to the main points.

## How to Use the Workbook

Like JBP III, this workbook is composed of 8 units and 24 lessons. Each lesson has several Practice sections, and most of them include a Listening Challenge and a Reading Challenge section. Some lessons also have Reading & Speaking sections, and Lesson 9 and Lesson 23 also have Reading & Writing sections. In addition, each unit wraps up with Further Practice.

The Practice and Reading & Speaking sections are clearly marked with the corresponding study topics. Even if you are in the middle of studying a lesson in the Textbook, you can work on Practice and Reading & Speaking once you have completed a study item. In contrast, Listening Challenge, Reading Challenge, and Reading & Writing often combine multiple study topics, so it is recommended that you work on them after you have completed studying the whole lesson.

Further Practice contains more advanced vocabulary and expressions based on the unit. You may work on Further Practice after completing studying the unit, or you may skip them and come back to them later.

## Vocabulary

The vocabulary in this workbook are basically based on those used in *Japanese for Busy People I, Revised 4th Edition, Japanese for Busy People II, Revised 4th Edition* and JBP III, so many of the words should already be familiar to you. Whenever a new word is introduced, it is listed in the gray Vocabulary column at the bottom of the page, along with an English translation. Regular 2 verbs are marked (R2).

## Use of Kanji

This workbook applies the same rules for kanji as in JBP III except for the Reading section in Further Practice. The kanji shown in the chart below are the "study kanji" of each lesson. Words shown in kanji follow these rules: the single use of study kanji in words up to that lesson, kanji compounds that consist of previously learned kanji, and proper nouns. In addition, idiomatic phrases that are composed of the studied kanji up to that lesson and the kanji up to Lesson 24 are also written in kanji. In selecting the study kanji, priority was given to those that went in line with the content, such as those that appeared in the Target Dialogue of each lesson in JBP III, but some do not appear in the corresponding lesson. This is to allow students to learn kanji related to the ones appearing in the lesson together with other kanji that are effective when studied together. All are basic Japanese kanji, and those considered to be equivalent to JLPT N4 are all included.

Note that the readings for all the kanji appear in small letters below them, making this book accessible for those who will not learn kanji at all.

| Lesson | Study Kanji (Total: 168 characters) | | | | | | | Lesson | | | | | | | |
|---|---|---|---|---|---|---|---|---|---|---|---|---|---|---|---|
| 1 | 近 | 味 | 野 | 菜 | 足 | 鳥 | 声 | 13 | 予 | 約 | 満 | 銀 | 文 | 質 | 返 |
| 2 | 走 | 歩 | 体 | 物 | 運 | 洋 | 雪 | 14 | 急 | 転 | 飛 | 正 | 田 | 勉 | 決 |
| 3 | 飯 | 茶 | 降 | 寝 | 起 | 字 | 漢 | 15 | 更 | 夕 | 館 | 送 | 客 | 受 | 取 |
| 4 | 台 | 風 | 町 | 市 | 業 | 活 | 牛 | 16 | 加 | 切 | 兄 | 弟 | 姉 | 妹 | 娘 |
| 5 | 自 | 持 | 部 | 意 | 明 | 広 | 伝 | 17 | 夫 | 役 | 答 | 同 | 主 | 割 | 性 |
| 6 | 変 | 便 | 利 | 不 | 調 | 病 | 夜 | 18 | 代 | 育 | 務 | 院 | 集 | 直 | 違 |
| 7 | 通 | 品 | 商 | 原 | 産 | 輸 | 建 | 19 | 心 | 関 | 酒 | 到 | 最 | 様 | 化 |
| 8 | 親 | 両 | 特 | 犬 | 魚 | 課 | 係 | 20 | 者 | 医 | 無 | 展 | 重 | 工 | 資 |
| 9 | 問 | 題 | 住 | 図 | 借 | 貸 | 死 | 21 | 紙 | 写 | 色 | 息 | 記 | 列 | 由 |
| 10 | 初 | 席 | 好 | 歌 | 有 | 計 | 散 | 22 | 元 | 退 | 職 | 定 | 販 | 経 | 地 |
| 11 | 別 | 然 | 神 | 練 | 赤 | 世 | 界 | 23 | 族 | 式 | 招 | 研 | 究 | 現 | 再 |
| 12 | 験 | 服 | 装 | 注 | 力 | 画 | 映 | 24 | 参 | 表 | 説 | 設 | 周 | 類 | 堂 |

**Acknowledgments for *Japanese for Busy People III: The Workbook* (First Edition, 1999)**
Seven AJALT teachers wrote this workbook. They were Yoko Hattori, Akiko Kajikawa, Haruko Matsui, Akiko Nagao, Mihoko Ozeki, Izumi Sawa, and Yoriko Yoshida. Many other AJALT teachers are also to be thanked for all their support, advice, and encouragement during the development of these learning materials.

**Acknowledgments for *Japanese for Busy People III: The Workbook for the Revised 3rd Edition* (2007)**
Two AJALT teachers wrote this workbook. They were Akiko Nagao and Izumi Sawa. Haruko Matsui, Yoko Hattori, Yoriko Yoshida, Mihoko Ozeki, Miyako Utsumi, Naoko Takatori, Shigeyo Tsutsui, Makiko Nakano, Yuko Takami, and Motoko Iwamoto offered advice and support.

**Acknowledgments for *Japanese for Busy People III: The Workbook for the Revised 4th Edition***
Ten AJALT teachers wrote this workbook. They are Reiko Sawane, Emiko Arai, Hisako Aramaki, Eiko Ishida, Soko Onishi, Hiroko Kikuzawa, Yuka Tanino, Yuko Hashimoto, Yumiko Matsuda, and Tomoko Waga. They were assisted by Nobuko Sano.

We would like to express our sincere thanks to Mio Urata of Kodansha Editorial and Makiko Ohashi of Guild Ltd., for their many advices and cooperation.

## Audio, Script, Answers, and Translations Download

The audio, script, answers, and translation can be downloaded to your smartphone, tablet, or PC, free of charge.

To download these contents, search for "Japanese for Busy People" at kodansha.us.

The audio files are in MP3 format and include Reading & Speaking, Reading & Writing (L9), Listening Challenge, and Listening of Further Practice. The script is available for Listening Challenge. Answers or sample answers are available for Practice, Listening Challenge, Reading Challenge, and Further Practice. These answers and samples have been prepared in accordance with the content of the main text. English translations include Listening Challenge, Reading Challenge, Reading & Writing, and Further Practice.

# THE WORKBOOK

# LESSON 1 It Smells Good

## PRACTICE ① ～よう

Complete the dialogues following the pattern of the example and by choosing the appropriate word or phrase from the box and changing it to the appropriate form. The words and phrase can be used only once.

| ~~あります~~ | さむいです | 大変(たいへん)でした | 雨(あめ)です | だれも いません | 帰(かえ)りました |
|---|---|---|---|---|---|

**e.g.** walking around town

A：ん？　カレーの においでしょうか。

B：近(ちか)くに カレー屋(や)が あるようですね。

① looking out the window

A：あれ？　みんな、かさを さしていますね。

B：＿＿＿＿＿＿＿＿＿＿ね。

② A comes into the office

A：加藤(かとう)さんは いますか。

B：いいえ。せきに いませんね。かばんも ありませんね。もう うちに

＿＿＿＿＿＿＿＿＿＿ね。

③ late at night, looking at a building from outside

A：オフィスの 電気(でんき)が きえていますね。

B：＿＿＿＿＿＿＿＿＿＿ね。

④ watching the news

A：10月(がつ)ですが、北海道(ほっかいどう)では みんな コートを 着(き)ていますね。

B：ええ、もう ＿＿＿＿＿＿＿＿＿＿ね。

⑤ A and B are talking

A：沖縄(おきなわ)の たいふうの ニュース、見(み)ましたか。

B：ええ。沖縄(おきなわ)は ＿＿＿＿＿＿＿＿＿＿ね。

VOCABULARY

| | | | | | |
|---|---|---|---|---|---|
| ん？ | Hmm? | カレーや | curry shop | かさを さす | put up an umbrella |

## PRACTICE ② ～よう

Complete the sentences following the pattern of the example and based on the information provided.

e.g. ① ② ③ ④

e.g. くすりの ようにに にがい コーヒーです。　　（くすり、にがい）

① ________________ まちです。　　（銀座、にぎやか）

② ________________ 先生です。　　（子ども、元気）

③ ________________ あかちゃんです。

（にんぎょう、かわいい）

④ ________________ 日です。　　（夏、あつい）

## PRACTICE ③ ～みたい

Complete the sentences following the pattern of the example and based on the information provided.

e.g. ① ② ③ ④

e.g. 佐藤さんは ゴーグルみたいな メガネを かけています。　　（ゴーグル、めがね）

① 林さんは ________________ を 着ています。　　（着物、ドレス）

② 山田さんは ________________ を かぶっています。　　（きのこ、ぼうし）

③ 千葉さんは ________________ を しています。　　（おもちゃ、時計）

④ 阿部さんは ________________ を はいています。

（モデル、ハイヒール）

VOCABULARY

| | | | | | |
|---|---|---|---|---|---|
| にんぎょう | doll | ドレス | dress | おもちゃ | toy |
| ゴーグル | goggles | きのこ | mushroom | ハイヒール | high heels |

## PRACTICE ④ ～が する

Complete the dialogues following the pattern of the example by choosing the appropriate word from the box. The words can be used only once.

| ~~におい~~ | かおり | 味(あじ) | 声(こえ) | 音(おと) |
|---|---|---|---|---|

e.g. A：海(うみ)の <u>におい</u>が しますね。

B：ええ。海(うみ)まで あるいて ３分(ぷん)なんです。

① A：この アイスクリーム、ふしぎな ..................が しますね。

B：じつは、わさびが 入(はい)っているんです。

② A：となりの 部屋(へや)から 田中(たなか)さんの ..................が しますね。

B：だれかに 電話(でんわ)している ようですね。

③ A：ピアノの ..................が しますね。

B：となりの 子(こ)どもが 習(なら)っているんです。

④ A：この 部屋(へや)、いい ..................が しますね。

B：アロマオイルを 使(つか)っているんです。

## PRACTICE ⑤ くれる

Complete the sentences following the pattern of the example. Choose the appropriate word from the parentheses.

e.g. あねは 私(わたし)に まんがを（ あげました ・ (くれました) ）。

① 中村(なかむら)さんは お父(とう)さんに マフラーを（ あげました ・ くれました ）。

② 私(わたし)は ブラウンさんに めいしを（ もらいました ・ くれました ）。

③ あには かのじょに（ もらった ・ くれた ）ネクタイを しています。

④ これは 父(ちち)が 私(わたし)に（ あげた ・ くれた ）時計(とけい)です。

⑤ 私(わたし)は 母(はは)に びじゅつかんの チケットを（ もらいました ・ くれました ）。

**VOCABULARY**

| ふしぎ(な) | strange, mysterious | アロマオイル | essential oil | まんが | manga |
|---|---|---|---|---|---|

## READING & SPEAKING　～が する

### 特産物 Specialty Products

**I** Read the following passages.　001

① 私の 国の くだもの、ドリアンを しょうかいします。ドリアンは チーズが くさった ような においが しますが、食べると カスタードクリームの ような 味が します。

② 私の 国の 食べ物、ベジマイトを しょうかいします。ベジマイトは パンに ぬって 食べます。チョコレートの ような いろですが、食べると みその ような 味が します。

**II** Refer to the illustrations and key words below to try to reproduce what you just read.

①

②

**III** Use the template to describe a specialty product from your country that Japanese people are not likely to be familiar with.

私の 国の 食べ物／くだもの、<u>name of the product</u> を しょうかいします。<u>Name of the product</u> は <u>　　product's colors, shapes, taste, smell, etc.　　</u>。

**VOCABULARY**

| | | | | | |
|---|---|---|---|---|---|
| とくさんぶつ | specialty | カスタードクリーム | custard cream | ぬる | spread |
| ドリアン | durian | ベジマイト | Vegemite | みそ | miso |

## LISTENING CHALLENGE

002

Read the text below, then listen to the audio and fill in the blanks with what you hear.

ABC フーズの スミスさんと 鈴木さんは 会社に 行く 前に カフェで 朝ご飯を 食べています。二人が すわっている せきから 東京ホテルが 見えます。ホテルの 前に 人が たくさん います。よく 見ると、みんな プレゼントや 花を もっています。ホテルから 出てくる 人を 見ています。カメラを もっている 人も います。入口の 近くに ロールスロイスが 止まっています。

スミス：鈴木さん、東京ホテルの 前、見てください。

鈴木　：あ、すごい 人ですね。

スミス：みんな プレゼントや 花を もっていますね。

鈴木　：ええ、カメラを もっている 人も いますよ。

スミス：だれか 有名な 人が ①……………………ね。

鈴木　：そうですね。

スミス：あ、運転手が ロールスロイスの ドアを 開けましたよ。

鈴木　：もうすぐ ホテルから ②……………………ね。

スミス：鈴木さん、見に 行きましょう。

鈴木　：え！ もう 8時 50分ですよ。会社に おくれてしまいますよ。

スミス：でも、私は ちょっと 見てから 会社に 行きます。

鈴木　：え！！！

スミス：すぐ 行きますから、だいじょうぶですよ。

VOCABULARY

| でてくる | come out | ロールスロイス | Rolls-Royce | すごい | great many |
|---|---|---|---|---|---|

# LESSON 2 I Had My Instructor Make a Training Program for Me

## PRACTICE ① ～てもらう／くれる

Make up sentences following the patterns of the examples.

**1.**

| | | |
|---|---|---|
| **e.g.** | 母 | メールで 料理の レシピを おくった |
| ① | どうりょう | 資料の 日本語を チェックした |
| ② | 中村さん | 料理教室を しょうかいした |

**e.g.** 母に メールで 料理の レシピを おくってもらいました。

**2.**

| | | |
|---|---|---|
| **e.g.** | 父 | 空港まで むかえに 来た |
| ① | 友だち | 引っこしを 手伝った |
| ② | おっと | 週に 3 回 晩ご飯の 支度を する |

**e.g.** 父が 空港まで むかえに 来てくれました。

## PRACTICE ② ～ように なる／なく なる

Make up sentences following the patterns of the examples.

| | |
|---|---|
| **e.g. 1.** | 日本語で ちゅうもんが できます |
| **e.g. 2.** | レストランで コーラを 飲みません |
| ① | ひらがなと カタカナが 書けます |
| ② | かんじが 300 じぐらい 読めます |
| ③ | 電車の アナウンスが わかります |
| ④ | 車を 運転しません |
| ⑤ | アイスクリームを 食べながら 歩きません |
| ⑥ | チップの けいさんが できません |

**e.g. 1.** 日本に 来てから 半年が すぎて、日本語で ちゅうもんが できるように なりました。

**e.g. 2.** 日本に 来てから 半年が すぎて、レストランで コーラを 飲まなく なりました。

**VOCABULARY**

| | | | |
|---|---|---|---|
| りょうりきょうしつ | cooking class | アナウンス | announcement |
| ちゅうもんを する | order | チップ | tip |
| カタカナ | katakana | けいさんを する | calculate |
| すぎる | go by, pass | | |

## READING & SPEAKING ① ～てもらう

### おかげさまで Thanks to People

**I** Read the following passages. 003

① 日本に 来て 半年が すぎたころ、りゅうがくせいセンターの 人に ホームステイ先を さがしてもらいました。ホストファミリーは とても いい人たちで、日本の生活について 教えてくれたり、おいしい 日本料理を 作ってくれたり しました。今でも SNS で れんらくを とっています。

② はが いたくて こまっていた とき、友だちに とても いい はいしゃさんを しょうかいしてもらいました。その はいしゃさんは しんせつだったし、英語も 話せたので、本当に 安心でした。今は はが いたくなると、かならず その はいしゃさんに 行っています。

**II** Refer to the illustrations and key words below to try to reproduce what you just read.

①

②

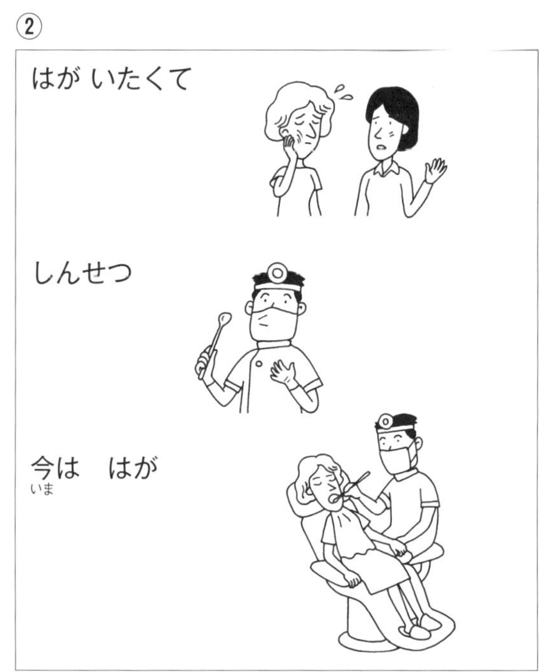


**III** Have you ever had someone help you out a lot? Use the template below and talk about your experience.

__________ ころ／とき、__________ てもらいました。

Details __________ 。

How you felt __________ 。

**VOCABULARY**

| | | |
|---|---|---|
| りゅうがくせいセンター International Student Center | ホームステイさき place to homestay | SNS social networking service |
| りゅうがくせい international student | ホストファミリー host family | れんらくを とる contact |
| | いまでも even now | あんしん(な) feel reassured |

## READING & SPEAKING ② ～ように なる

### できるように なりました Things I Have Become Able to Do

**I** Read the following passages. 004

① スノーボードを 始(はじ)めてから、３年(ねん)が すぎました。はじめは 全然(ぜんぜん) すべれませんでしたが、最近(さいきん)は きゅうな しゃめんでも すべれるように なりました。スピードが コントロールできるように なったので、スノーボードが 楽(たの)しめるように なりました。

② 週末(しゅうまつ)に のうぎょうを 始(はじ)めてから、１年(ねん)が すぎました。はじめは 少(すこ)ししか 野菜(やさい)が とれませんでしたが、最近(さいきん)は たくさん とれるように なりました。のうぎょうを している 友(とも)だちも ふえたので、いろいろ そうだんできるように なりました。

**II** Refer to the illustrations and key words below to try to reproduce what you just read.

①

スノーボード　３年(ねん)
はじめは

最近(さいきん)は

②

**III** Most of us know what it is like to gradually become able to do something that we were unable to do before. Use the template below and talk about your experience.

＿＿＿＿＿＿＿＿てから、＿＿＿＿＿＿＿＿すぎました。はじめは

＿＿＿＿＿＿＿＿が、最近(さいきん)は ＿＿＿＿＿＿＿＿ようになりました。

**VOCABULARY**

| | | | | | |
|---|---|---|---|---|---|
| スノーボード | snowboard | しゃめん | slope | のうぎょう | farming |
| すべる | slide | スピード | speed | とる | harvest |
| きゅう(な) | steep | コントロールする | control | | |

## LISTENING CHALLENGE

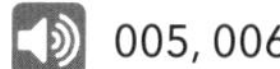
005, 006

Read the text below, then listen to the audio and fill in the blanks with what you hear.

**1.** エマさんは 来週 取引先との 会議で 新しい しょうひんの しょうかいを します。日本語で 資料を 作りました。日本語を 間違えているかもしれないと 思って、中村さんに 見せに 行きます。

エマ：中村さん、すみませんが、あしたまでに この 資料の 日本語を ①＿＿＿＿＿＿＿＿たいんですが…。あしたの 午後、加藤さんに 出す よていなんです。

中村：いいですよ。

(*The next day.*)

中村：エマさん、少しだけ なおしましたが、ほとんど もんだいは ありませんでしたよ。しつもんが 出そうな ところには しるしを つけました。

エマ：ありがとうございました。

加藤：エマさん、資料は できましたか。

エマ：はい。こちらです。きのう 中村さんに おねがいして、日本語を ②＿＿＿＿＿＿＿＿＿＿＿＿＿＿。

加藤：会議で 資料について しつもんが 出るかもしれませんが、だいじょうぶですか。

エマ：はい。しつもんが 出そうな ところに 中村さんが しるしを③＿＿＿＿＿＿＿＿ので、それについて じゅんびを しました。

加藤：そうですか。わかりました。

**2.** スミスさんは 友だちの 林さんの 家に はじめて 来ました。スミスさんと 林さんは リビングで 話を しています。

スミス：ここは としんから 近くて べんりですね。

林　：10年前は バスしか なかったので、としんまで 1時間 かかっていたんですよ。でも、5年前に 新しい ちかてつが できたので、としんまで 20分で ①＿＿＿＿＿＿＿＿＿＿＿＿＿＿。

スミス：そうなんですか。駅の まわりには 店が たくさん あって にぎやかですね。

林　：ええ。以前は うちの 近くに 店が なかったので、買い物が 大変でした。今

VOCABULARY

| | | | | | |
|---|---|---|---|---|---|
| しょうかいを する | introduce | しるしを つける (R2) | make a mark | まわり | around |
| なおす | correct | おねがいする | ask, request | いぜん | before |
| しつもんが でる (R2) | receive a question | としん | city center | | |

は 駅前に デパートが できたので、いろいろな ものが ② ..........................................

..........................。

スミス：よかったですね。

林　　：ええ。でも、むかしは しぜんが 多かったので、ホタルが たくさん いましたが、

今は ③ ..........................................。

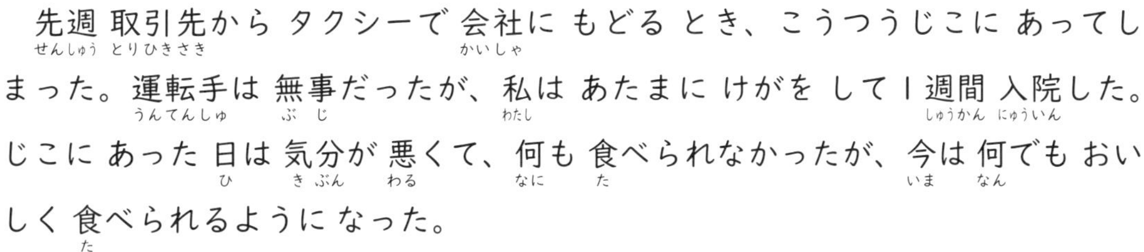

## READING CHALLENGE

Read the passage and answer the questions.

Smith wrote a blog post.

　先週 取引先から タクシーで 会社に もどる とき、こうつうじこに あってしまった。運転手は 無事だったが、私は あたまに けがを して 1週間 入院した。じこに あった 日は 気分が 悪くて、何も 食べられなかったが、今は 何でも おいしく 食べられるように なった。

　びょういんでは おいしゃさんが 英語で せつめいしてくれたので、よく わかった。入院している とき、会社の 人が たくさん おみまいに 来てくれた。佐々木さんと 加藤さんは いっしょに 来て、仕事については しんぱいしなくても いいと 言ってくれた。中村さんは おかしを 持ってきてくれた。ラジャさんは 英語の 本を 持ってきてくれた。鈴木さんは くだものを 持ってきてくれた。みんなが とても しんせつに してくれて、うれしかった。

① スミスさんは どうして あたまに けがを しましたか。

..........................................................................................

② スミスさんは じこに あった日に 食事が できましたか。

..........................................................................................

③ スミスさんは 今 食事が できますか。

..........................................................................................

④ 佐々木さんと 加藤さんは 何と 言いましたか。

..........................................................................................

⑤ 英語の 本を 持ってきたのは だれですか。

..........................................................................................

VOCABULARY

| | | | | | |
|---|---|---|---|---|---|
| ホタル | firefly | ぶじ(な) | safe | (お)みまい | visit (to express sympathy) |
| こうつうじこに あう | be in a traffic accident | にゅういんする | be hospitalized | しんせつに する | be kind |
| | | おいしゃさん | doctor | | |

## PRACTICE ① Adjectives

Give the antonym following the pattern of the example.

e.g. ひろい ⇔ せまい

① べんり ⇔ ..........

② きらい ⇔ ..........

③ こい ⇔ ..........

④ きけん ⇔ ..........

⑤ あさい ⇔ ..........

⑥ 下手(へた) ⇔ ..........

## PRACTICE ② 〜く／にする

Make up dialogues following the pattern of the example and based on the information provided.

| e.g. | がぞう | 大(おお)きい |
|---|---|---|
| ① | 字(じ) | こい |
| ② | イラスト | 小(ち)さい |
| ③ | せん | みじかい |
| ④ | スライドの デザイン | シンプル |
| ⑤ | ひょうの はば | 半分(はんぶん) |

e.g. A：すみません、この アプリ、使(つか)った ことが ありますか。

B：はい、ありますよ。

A：この がぞうを 大(おお)きく したいんですが、どう すれば いいですか。

B：ここを クリックすれば、大(おお)きく なりますよ。

VOCABULARY

| | | | | | |
|---|---|---|---|---|---|
| がぞう | picture, image | スライド | slide | クリックする | click (on) |
| イラスト | illustration | ひょう | graph | | |
| せん | line | はば | width | | |

## PRACTICE ③　～すぎる

Make up sentences following the pattern of the example.

**1.**

**e.g.** おさけを 飲(の)む。

→　おさけを 飲(の)みすぎないでください。

① カロリーの 高(たか)い ものを 食(た)べる。

→ ..........

② けんこうについて しんぱいする。

→ ..........

③ 花(はな)に 水(みず)を やる。

→ ..........

④ 一人(ひとり)で がんばる。

→ ..........

**2.**

**e.g.** この ケーキは あまいです。

→　この ケーキは あますぎます。

① この ポケットは あさいです。

→ ..........

② この プールは 子(こ)どもには ふかいです。

→ ..........

③ この 仕事(しごと)を ぜんぶ 一人(ひとり)で するのは 大変(たいへん)です。

→ ..........

**VOCABULARY**

| | | | |
|---|---|---|---|
| カロリー | calory | に | for (particle) |

## PRACTICE ④ ～ようにする

Make up sentences following the pattern of the example.

**e.g.** もっと 野菜(やさい)を 食(た)べます。

→ もっと 野菜(やさい)を 食(た)べるように してください。

① うちから 駅(えき)まで 歩(ある)きます。

→ ………………………………

② 生(い)け花(ばな)の クラスを 休(やす)む ときは、前(まえ)の 日(ひ)までに れんらくします。

→ ………………………………

③ あまい ものを 食(た)べすぎません。

→ ………………………………

④ かさを 間違(まちが)えません。

→ ………………………………

## PRACTICE ⑤ ～ようにする

Complete the sentences following the pattern of the example.

**e.g.** 私(わたし)は ストレスが たまっている とき、 <u>アクションえいがを 見(み)るようにしています。</u>

（アクションえいがを 見(み)ます）

① ………………………………

（ジョギングで あせを ながします）

② ………………………………

（もりの 中(なか)を 歩(ある)きます）

③ ………………………………

（会社以外(かいしゃいがい)の 人(ひと)と 会(あ)います）

④ ………………………………

………………………………

（今(いま)までに 行(い)った ことが ない ところに 出(で)かけます）

VOCABULARY

| | | | | | |
|---|---|---|---|---|---|
| まちがえる（R2） | mistake | あせを ながす | sweat, work out | いままでに | until now |
| たまる | accumulate | あせ | sweat | | |
| アクションえいが | action movie | ながす | drip | | |

## LISTENING CHALLENGE

 007

Read the text below, then listen to the audio and fill in the blanks with what you hear.

昼休み(ひるやす)みに 大川(おおかわ)さんと チャンさんが 話(はな)しています。

大川(おおかわ)：チャンさんは よく ねむれる ほうほうについて くわしいと 聞(き)きました。じつは 私(わたし)も 最近(さいきん) ねむれなくて こまっているんですが…。

チャン：私(わたし)も 以前(いぜん)、ストレスが たまって よく ねむれなかったので、インターネットで いろいろ しらべたんですよ。

大川(おおかわ)：どんな ことを しているんですか。教(おし)えてください。

チャン：まず、ベッドで 本(ほん)を 読(よ)んだり、テレビを 見(み)たり、何(なに)か 食(た)べたり しない 方(ほう)が いいと インターネットで 読(よ)んだので、ねむく なってから ベッドに ①＿＿＿＿＿＿＿＿＿＿。それから、寝(ね)る 前(まえ)に しずかな 音楽(おんがく)を 聞(き)いたり、ぬるい おふろに 入(はい)ったり、アロマオイルを 使(つか)ったりして、②＿＿＿＿＿＿＿＿＿＿。いろいろ 試(ため)して、前(まえ)より よく ねむれるように なってきましたよ。いちばん いいのは、バランスの いい 食事(しょくじ)と てきどな 運動(うんどう)ですから、③＿＿＿＿＿＿たり、運動不足(うんどうぶそく)に なったり④＿＿＿＿＿＿＿＿＿＿。

大川(おおかわ)：うーん、むずかしそうですね。

**VOCABULARY**

| | | | | | |
|---|---|---|---|---|---|
| ほうほう | way | てきど(な) | proper amount | ～ぶそく | lack . . . |
| くわしい | further, detailed | うんどうぶそく | lack of exercise | | |

## READING CHALLENGE

Read the passage and write T if the statement below is correct and F if it is incorrect.

300 年以上 前の 日本で、江戸時代の 学者が けんこうについての 本を 書きました。その 本の 中で 学者は、病気に ならないようにする ほうほうを いろいろ 書きました。食事に 使う しおを 少なく したり、昼間は 部屋を 明るく したり するなど、シンプルな ほうほうが 多いです。食べすぎない、おさけを 飲みすぎない、たばこを すいすぎないなど、現代の 医学と おなじ アドバイスも たくさん あります。また、毎日の 生活を 大切に したり、いのちに かんしゃしたり するなど、こころの けんこうについての ちゅういてんも たくさん 書きました。けんこうについての なやみは、300 年前から かわらないようです。

① (　　) この 本の 中で、学者は 病気に なる ほうほうを 書きました。

② (　　) この 本の 中に 現代の 医学と おなじ アドバイスが あります。

③ (　　) この 本の 中で、学者は 体の けんこうについてだけ 書きました。

④ (　　) 300 年前の けんこうについての なやみは、今と だいたい おなじです。

### VOCABULARY

| | |
|---|---|
| えどじだい | the Edo period (1603-1868) |
| がくしゃ | scholar |
| ひるま | daytime |
| げんだい | modern |
| アドバイス | advice |
| また | also |
| たいせつに する | treasure |
| いのち | life |
| かんしゃする | be grateful |
| こころ | heart |
| ちゅういてん | points to take care of |
| なやみ | worry, trouble |
| だいたい | about, almost, nearly |

## FURTHER PRACTICE 1

### READING

Read the passage and answer the questions.

#### 梅干し

梅干しは日本の伝統的な健康食品だ。梅の実を塩に漬けてから、日に干して作る。昔は各家庭で作っていたので、おばあちゃんが作ってくれた梅干しの味が忘れられないと話す人もいるが、最近はスーパーなどで買うのが一般的だ。

梅干しは体の疲れをとってくれるし、お腹の調子をよくする効果もある。スープのようにやわらかく煮たご飯に細かくきざんだ梅干しを混ぜたものは、体調が悪いときの定番料理だ。

梅干しはとてもすっぱいので、初めて食べた人はびっくりするかもしれないが、日本ではとても人気のある食べ物だ。好きなおにぎりの具ランキングでは上位に入るし、海外旅行に行くとき梅干しを持って行く人も多い。

白いご飯の上に赤くて丸い梅干しをのせると、まるで日本の国旗のようだ。ご飯を傷みにくくする効果もあるので、お弁当に適している。

梅干しは体にいい食品だが、食べ過ぎはよくない。塩分が多いからだ。1日に1個食べるようにするのが健康の秘訣だ。

VOCABULARY

| | |
|---|---|
| うめぼし | pickled plum |
| けんこうしょくひん | health food |
| うめ | plum |
| み | fruit |
| つける (R2) | preserve, pickle |
| ほす | dry |
| かくかてい | each family |
| かく〜 | each . . . |
| おばあちゃん | grandmother |
| いっぱんてき(な) | common |
| つかれ | tiredness |
| とる | relieve |
| こうか | effect |
| きざむ | chop |
| ていばんりょうり | standard dish |
| おにぎり | rice ball |
| ぐ | ingredient |
| ランキング | ranking |
| じょうい | high-ranking |
| のせる (R2) | place on top |
| こっき | national flag |
| いたみにくい | hard to spoil |
| てきする | good |
| えんぶん | salt |
| ひけつ | secret |

## QUESTIONS

① あなたは梅干しを食べたことがありますか。食べたことがある人は、初めて食べたとき、どう思いましたか。食べたことがない人は、前のページの文章を読んで食べてみたいと思いましたか。

② あなたは疲れたときや体調が悪いとき、どんなものが食べたくなりますか。

## LISTENING

008

**I** Read the text below, then listen to the audio. Grasp the outline and choose the statements that are correct.

今日は けいろうの日です。今日 ちょうど 100 さいの たんじょう日を むかえた宮崎さんに アナウンサーが インタビューを します。

① 宮崎さんは 毎朝

(a) お茶を 飲みながら うめぼしを 食べますが、その ほかの ものは 食べません。

(b) お茶を 飲みながら うめぼしを 食べてから、朝ご飯を 食べます。

② 宮崎さんが 散歩を 始めたのは

(a) わかい ときです。

(b) 70 さいに なってからです。

③ 宮崎さんは よる

(a) ベッドに 入ると すぐに ねむれます。

(b) ベッドに 入ってから 1 時間以上 ねむれない ことが 多いです。

**II** Now it's your turn to talk.

① あなたは 何か けんこうに いい ことを して いますか。

② あなたは 年を とったら、どんな 生活を したいですか。

### VOCABULARY

| | | | | | |
|---|---|---|---|---|---|
| ぶんしょう | writing | むかえる (R2) | turn, reach | インタビューを する | |
| けいろうのひ | Respect for the Aged Day | みやざき | Miyazaki (surname) | | make an interview |
| けいろう | respect for the aged | アナウンサー | reporter | そのほか | other than this |

# LESSON 4 I Volunteered to Support the Victims

## PRACTICE ① ～そうだ

Complete the dialogues following the patterns of the examples.

**1.**

A：何か あったんですか。

e.g. B：電車が おくれているそうです。 （電車が おくれています）

① B：……………………。（じこが ありました）

② B：……………………。（プロジェクターが 使えません）

③ B：……………………。

（プレゼンは 来週に えんきです）

④ B：……………………。

（鈴木さんが しんかんせんに 間に合いませんでした）

**2.**

e.g. 佐々木：スミスさんは いつ 大阪支社に 行きますか。

中村 ：あした 行くそうです。 （あした 行きます）

① 佐々木：エマさんの プレゼンは いつですか。

中村 ：……………………。（あしたの 10時からです）

② スミス：鈴木さんは いつ 田中さんに 会いましたか。

中村 ：……………………。（水曜日に 会いました）

③ 佐々木：田中さんは いつ こちらに 来ますか。

中村 ：……………………。（あさって 来ます）

**3.**

e.g. 鈴木 ：グリーンさんは すしが すきですか。

佐々木：いいえ、すきじゃないそうです。

① 安藤：ABC フーズの 加藤さんは 部長ですか。

小島：いいえ、……………………。

② 佐々木：スミスさんは あした いそがしいですか。

中村 ：いいえ、……………………。

VOCABULARY

えんき postponement

## PRACTICE ② ～ために

Complete the dialogues following the pattern of the example. Choose the appropriate word or phrase from the box and change it to the appropriate form. The words and phrases can be used only once.

| | | | |
|---|---|---|---|
| ~~けんこう~~ | かんきょうほご | せかいの へいわ | 中国(ちゅうごく)で 仕事(しごと)を します |
| 新(あたら)しい マンションを 買(か)います | | ビザを とります | |
| 日本語(にほんご)の うたを おぼえます | | 日本(にほん)の ぶどうを 習(なら)います | |

e.g. A：エレベーターを 使(つか)わないんですか。

B：<u>けんこうの ために</u> かいだんを 使(つか)うように しているんです。

① A：中国語(ちゅうごくご)が 話(はな)せるんですか。

B：ええ、＿＿＿＿＿＿＿＿＿＿、勉強(べんきょう)しているんです。

② A：あしたの 予定(よてい)は？

B：＿＿＿＿＿＿＿＿＿＿、大使館(たいしかん)に 行(い)かなければ なりません。

③ A：今晩(こんばん)も カラオケに 行(い)くんですか。

B：ええ、＿＿＿＿＿＿＿＿＿＿、毎晩(まいばん) 練習(れんしゅう)しているんです。

④ A：いつも マイボトルを 持(も)ち歩(ある)いているんですね。

B：＿＿＿＿＿＿＿＿＿＿ ペットボトルの 飲(の)みものを 買(か)わないように しているんです。

⑤ A：しょうらい どんな 仕事(しごと)を したいですか。

B：＿＿＿＿＿＿＿＿＿＿ こくれんで 仕事(しごと)が したいです。

⑥ A：休日(きゅうじつ)も アルバイトを しているんですか。

B：ええ、＿＿＿＿＿＿＿＿＿＿、お金(かね)を ためているんです。

⑦ A：日本(にほん)には 仕事(しごと)の ために 来(き)たんですか。

B：いいえ、＿＿＿＿＿＿＿＿＿＿、来(き)ました。

**VOCABULARY**

| | | | | | |
|---|---|---|---|---|---|
| かんきょうほご | environmental protection | ビザ | visa | もちあるく | carry around |
| | | ぶどう | martial arts | ペットボトル | PET bottle |
| へいわ | peace | マイボトル | one's water bottle/thermos | こくれん | the United Nations |

## PRACTICE ③ ～て／ないで

Complete the dialogues following the pattern of the example.
A is asking B and C about how they learned Japanese.

e.g. A：会話(かいわ)を 練習(れんしゅう)するのは むずかしいですよね。どうやって 練習(れんしゅう)していますか。
B：テキストを 見(み)ないで、音声(おんせい)を 聞(き)いて 練習(れんしゅう)しています。
(テキストを 見(み)ないで、音声(おんせい)を 聞(き)きます)
C：テキストを 見(み)て、声(こえ)を 出(だ)して 練習(れんしゅう)しています。
(テキストを 見(み)て、声(こえ)を 出(だ)します)
A：そうですか。

① A：漢字(かんじ)を おぼえるのは むずかしいですよね。どうやって おぼえていますか。
B：………………………… おぼえています。
(何回(なんかい)も 書(か)きます)
C：………………………… おぼえています。
(フラッシュカードを使(つか)って、何回(なんかい)も 見(み)ます)
A：そうですか。

② A：長(なが)い ぶんしょうを 読(よ)むのは むずかしいですよね。どうやって 読(よ)んでいますか。
B：………………………… くりかえし 読(よ)んでいます。
(声(こえ)を 出(だ)しません)
C：………………………… はやく たくさん 読(よ)んでいます。
(できるだけ じしょを 使(つか)いません)
A：そうですか。

**VOCABULARY**

| | | | | | |
|---|---|---|---|---|---|
| おんせい | sound | フラッシュカード | flashcard | じしょ | dictionary |
| こえをだす | speak out | くりかえし | repeatedly | | |

## LISTENING CHALLENGE

009-011

Read the text below, then listen to the audio and fill in the blanks with what you hear.

**1.** Bは JBP ショップの るすばん電話(でんわ)で えいぎょう時間(じかん)を 聞(き)きました。

A：JBP ショップは 日曜日(にちようび)も 開(あ)いていますか。

B：いいえ。① ________ そうですよ。

A：えいぎょう時間(じかん)は 何時(なんじ)から 何時(なんじ)までですか。

B：② ________ そうですよ。

**2.** Bは 駅(えき)の アナウンスを 聞(き)きました。

A：電車(でんしゃ)、おそいですね。

B：渋谷駅(しぶやえき)で ① ________ そうですよ。

A：それで 電車(でんしゃ)は？

B：② ________ そうですよ。

**3.** Bは 天気(てんき)よほうを 聞(き)きました。

A：あしたは お花見(おはなみ)に 行(い)くんです。

B：天気(てんき)よほうに よると、あしたの よるは ① ________ そうですよ。

A：そうですか。

B：よる 出(で)かけるなら、② ________ 方(ほう)が いいそうですよ。

VOCABULARY

えいぎょうじかん business hours

## READING CHALLENGE

Read the passage and answer the questions.

はたらく もくてき

ちょうさに よると、18 さい 以上の 日本人の「はたらく もくてき」は、つぎの とおりです。

1）しゅうにゅうを える ために はたらく：56.4%

2）生きがいを 見つける ために はたらく：17.0%

3）いい 社会を 作る ために はたらく：14.5%

4）自分の のうりょくを 生かす ために はたらく：7.9%

男女べつで 見ると 男女とも「しゅうにゅうを える ために はたらく」が トップですが、男性は「いい 社会を 作る ために はたらく」が 女性より わずかに 多くて、女性は「生きがいを 見つける ために はたらく」が 男性より 多いです。

また ねんれいべつで 見ると、60 さい 以上では、「いい 社会を 作る ために はたらく」「生きがいを 見つける ために はたらく」が わかい 人より 多いです。

① 男女とも 何の ために はたらいている 人が いちばん 多いですか。

② いい 社会を 作る ために はたらいている 人は 男性と 女性で どちらが 多いですか。

③ あなたは 何の ために はたらいていますか。

VOCABULARY

| | | | | | |
|---|---|---|---|---|---|
| もくてき | aim | しゃかい | society | わずかに | slightly |
| ちょうさ | survey | だんじょべつ | by gender | ねんれいべつ | by age group |
| とおり | as follows | ～とも | both . . . | | |
| いきがい | purpose in life | トップ | top | | |

## PRACTICE ① 〜こと

Complete the sentences following the pattern of the example.

e.g. 日本(にほん)の ホテルや レストランでは チップが いりません。
→ <u>日本(にほん)の ホテルや レストランでは チップが いらない こと</u>を 知(し)っていますか。

① 100年(ねん)ぐらい前(まえ)に 東京(とうきょう)で 大(おお)きい じしんが ありました。
→ ……………………を 知(し)っていますか。

② 日本(にほん)の 学校(がっこう)は 4月(がつ)に 始(はじ)まります。
→ ……………………を 知(し)っていますか。

③ 日本(にほん)では タクシーの ドアが 自動(じどう)で 開(あ)きます。
→ ……………………を 知(し)っていますか。

④ 日本(にほん)では サインの かわりに はんこを 使(つか)います。
→ ……………………を 知(し)っていますか。

⑤ 日本(にほん)の 小学校(しょうがっこう)は きゅうしょくが あります。
→ ……………………を 知(し)っていますか。

⑥ 日本(にほん)では 春(はる)に かふんしょうに なる 人(ひと)が 多(おお)いです。
→ ……………………を 知(し)っていますか。

⑦ 日本(にほん)では 車(くるま)は 左側通行(ひだりがわつうこう)です。
→ ……………………を 知(し)っていますか。

**VOCABULARY**

| | | | | | |
|---|---|---|---|---|---|
| じどう | automatic | はんこ | seal | ひだりがわつうこう | left-hand traffic |
| 〜の かわりに | in place of . . . | きゅうしょく | school lunch | | |

## PRACTICE ② ～ておく

Complete the dialogues following the pattern of the example.

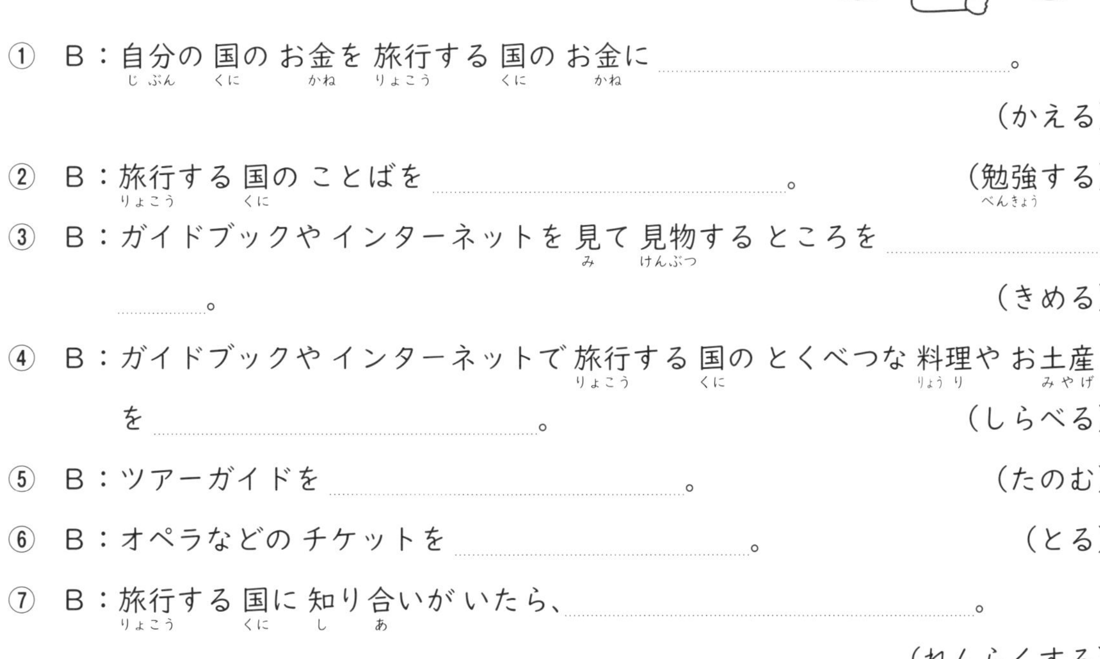


A：旅行の 前に どんな じゅんびを しますか。

e.g. B：ホテルを よやくしておきます。（よやくする）

① B：自分の 国の お金を 旅行する 国の お金に ＿＿＿＿＿＿＿＿。（かえる）

② B：旅行する 国の ことばを ＿＿＿＿＿＿＿＿。（勉強する）

③ B：ガイドブックや インターネットを 見て 見物する ところを ＿＿＿＿＿＿＿＿。（きめる）

④ B：ガイドブックや インターネットで 旅行する 国の とくべつな 料理や お土産を ＿＿＿＿＿＿＿＿。（しらべる）

⑤ B：ツアーガイドを ＿＿＿＿＿＿＿＿。（たのむ）

⑥ B：オペラなどの チケットを ＿＿＿＿＿＿＿＿。（とる）

⑦ B：旅行する 国に 知り合いが いたら、＿＿＿＿＿＿＿＿。（れんらくする）

## PRACTICE ③ ～てある

Complete the sentences following the pattern of the example.

e.g. 駅には 人が たくさん あつまるので、ポスターが たくさん はってあります。（はる）

① みんなに 見てもらいたいので、ラウンジに 社長が かいた えが ＿＿＿＿＿＿＿＿。（かざる）

② 日かげを 作る ために、この 道には 木が たくさん ＿＿＿＿＿＿＿＿。（うえる）

③ おきゃくさんが 来るので、テーブルには グラスが ＿＿＿＿＿＿＿＿。（ならべる）

④ お年よりの ために、パンフレットの 字は 大きく ＿＿＿＿＿＿＿＿。（書く）

### VOCABULARY

| | | | | | |
|---|---|---|---|---|---|
| ガイドブック | guidebook | とくべつ(な) | special | しりあい | acquaintance |
| けんぶつする | sightsee | オペラ | opera | ひかげ | shade |

## READING & SPEAKING ～ておく

### どちらの タイプ？ Which Type Are You?

**I** Read the following passages. 012

① 新しい ふくを 買う とき、店に 行く 前に 買う ふくの イメージを きめておく 人と、店で しょうひんを 見てから きめる 人が います。私は いつも 店に 行く 前に インターネットの サイトを 見て、買う ふくの イメージを 考えておきます。

② けっこんしきなどで スピーチを する とき、前もって げんこうを 用意しておく 人と その 日 会場に 着いてから 考える 人が います。私は スピーチを するとき、前の 日までに げんこうを 書いて、スピーチの 練習を しておきます。

**II** Refer to the illustrations and key words below to try to reproduce what you just read.

①

新しい ふく
店に 行く 前

しょうひんを 見てから

インターネットの サイト

②

**III** Use the template and talk about your case, keeping in mind that there are people who prepare beforehand and those who don't.

________ とき、________ ておく 人と ________ てから ________ 人が います。私は ________ your case ________ 。

VOCABULARY

| | | |
|---|---|---|
| イメージ image | まえもって beforehand | げんこう manuscript |

## LISTENING CHALLENGE

 013

Read the text below, then listen to the audio and fill in the blanks with what you hear.

ABC フーズでは、今日(きょう) 取引先(とりひきさき)と 新(しん)しょうひんについての 会議(かいぎ)が あります。加藤(かとう)さんは エマさんに 会議(かいぎ)の じゅんびについて 聞(き)きます。

加藤(かとう)：エマさん、会議(かいぎ)の じゅんびは できましたか。

エマ：はい、終(お)わりました。

加藤(かとう)：つくえは どう なっていますか。

エマ：コの字(じ)がたに ① ......................................................。

加藤(かとう)：プレゼンで 使(つか)う 資料(しりょう)は？

エマ：みんなに データで ② ......................................................。

加藤(かとう)：そうですか。すみませんが、1部(ぶ)だけ いんさつしておいてください。

エマ：はい、わかりました。

加藤(かとう)：あと、プロジェクターは かくにんしましたか。

エマ：はい、③ ......................................................。

加藤(かとう)：それなら、だいじょうぶそうですね。

VOCABULARY

| コのじがたに | in a U-shape |
|---|---|

# READING CHALLENGE

I Read the passage and answer the questions.
Smith wrote a blog post.

ストレスかいしょうしたい！

最近(さいきん) ストレスが たまっている。この間(あいだ) ざっしを 読(よ)んでいたら、ストレスが たまると 病気(びょうき)に なると 書(か)いてあった。いやな ことや かなしい ことが あった とき、かんじょうを おさえると ストレスに なるそうだ。コメディえいがを 見(み)て わらったり、かなしい えいがを 見(み)て ないたり する ことが、ストレスかいしょうに こうかが あるとも 書(か)いてあった。仕事(しごと)が いそがしくて ストレスに なっている 場合(ばあい)は、仕事(しごと)の ことを 考(かんが)えない 時間(じかん)が ひつようだそうだ。たとえば、しゅみに 集中(しゅうちゅう)する ことや スポーツで あせを ながす ことなどだ。自然(しぜん)の 中(なか)を 歩(ある)く ことも いいそうだ。

今週(こんしゅう)の 週末(しゅうまつ)は いろいろな ことを してみようと 思(おも)っている。

① スミスさんが 読(よ)んだ ざっしには ストレスが たまると どう なると 書(か)いてありましたか。

② いやな ことや かなしい ことが げんいんで ストレスが たまっている ときは、ストレスかいしょうに 何(なに)が こうかが ありますか。

③ 仕事(しごと)が いそがしくて ストレスに なっている 場合(ばあい)は 何(なに)が ひつようですか。

VOCABULARY

| | | | | | |
|---|---|---|---|---|---|
| かいしょうする | be solved | かんじょう | emotion | たとえば | for example |
| たまる | accumulate | おさえる (R2) | suppress | しゅうちゅうする | concentrate |
| ざっし | magazine | コメディえいが | comedy movie | | |

## PRACTICE ① ～まま

Make up sentences following the pattern of the example.

| | | | |
|---|---|---|---|
| e.g. | | テレビを つける | 寝(ね)る |
| ① | | ティッシュを ポケットに 入(い)れる | せんたくを する |
| ② | | ホテルの 部屋(へや)に ルームキーを のこす | ドアを 閉(し)める |
| ③ | | ねだんの タグが ふくに つく | 出(で)かける |
| ④ | | 時計(とけい)を する | シャワーを あびる |

e.g. A：はあ…。

B：どう したんですか。

A：きのうは テレビを つけた まま 寝(ね)てしまいました。

B：よく ある ことですよ。

**VOCABULARY**

| | | | |
|---|---|---|---|
| ティッシュ | tissue paper | タグ | tag |
| ルームキー | room key | はあ…。 | Sigh . . . |
| のこす | leave | よく ある ことですよ。 | It happens frequently. |

## PRACTICE ② ～おかげ／せいで

Make up sentences or dialogues following the pattern of the examples.

**1.** 新しょうひん X の 売り上げが 1 か月で ばいに なりました。

**e.g.** チームワークが よかったです。→ チームワークが よかった おかげです。

① 販売店むけの プレゼンが せいこうしました。

→ ……………………

② かかくが てきせいでした。

→ ……………………

**2.** A：新しょうひん Y の 売り上げが 全然 のびません。しっぱいの 理由を 考えましょう。

**e.g.** B：チームワークが 悪かったです。 → チームワークが 悪かった せいだと 思います。

① B：かかくが 高いです。 → ……………………

② B：せんでんが 足りません。 → ……………………

## PRACTICE ③ ～と いい

Complete the dialogues following the pattern of the example.

**e.g.** A：インドの スパイスを 買いたいんです。

B：<u>上野に 行くと いいですよ</u>。ラジャさんが いい 店が あると 言っていました。

（上野に 行きます）

① A：のどが いたいんです。

B：……………………。私は すぐ なおりました。

（この くすりを 飲みます）

② A：今年の 夏休みは 海外に 行きたいと 思っているんです。

B：自分で ホテルを よやくするなら、……………………。

いい ホテルが 安く よやくできますよ。（Z よやくサイトを 使います）

③ A：人前で 話す とき、きんちょうするんです。

B：……………………。私は いつも そう しています。

（ゆっくり こきゅうします）

### VOCABULARY

| | |
|---|---|
| はんばいてん | shop |
| かかく | price |
| てきせい（な） | proper, appropriate |
| のびる（R2） | grow |
| しっぱい | failure |
| りゆう | reason |
| せんでん | promotion |
| Zよやくサイト | reservation site Z (fictitious reservation site) |
| ひとまえ | in front of others |
| こきゅうする | breathe |

## READING & SPEAKING ～おかげで ～と いい

### 今年から 来年へ From This Year to Next Year

**I** Read the following passages. 014

① 今年 てんきんで 日本に 来ました。まわりの 人が しんせつに してくれた おかげで、仕事でも プライベートでも、新しい ことを たくさん けいけんできました。来年も いろいろな ことが けいけんできると いいと 思っています。

② 今年 はじめて 東京マラソンを 走りました。コーチや 友だちが いろいろ アドバイスを してくれた おかげで、42.195 キロを 走る ことが できました。来年も マラソン大会に 出て、きろくが こうしんできると いいと 思っています。

**II** Refer to the illustrations and key words below to try to reproduce what you just read.

①

②

**III** Use the template and talk about what you achieved this year, the good results and the reasons, and your resolutions for next near.

今年 ___what you achieved___ 。 ___Reason___ おかげで、 ___the good results___ 。

来年も ___further hopes for what you achieved___ と いいと 思っています。

**VOCABULARY**

| | | | | | |
|---|---|---|---|---|---|
| てんきん | transfer | アドバイスを する | advise | こうしんする | renew |
| プライベート | personal life | マラソンたいかい | marathon race | | |
| けいけんする | experience | きろく | record | | |

## LISTENING CHALLENGE

Read the text below, then listen to the audio and fill in the blanks with what you hear.

**1.** スミスさんは、台風(たいふう)の ため ひなんじょで 生活(せいかつ)を していた 渡辺(わたなべ)さんと 話(はなし)を しています。

スミス：ひなんじょの 食事(しょくじ)は どう でしたか。

渡辺(わたなべ)：毎日(まいにち) おにぎりや サンドイッチを 食(た)べていました。それから、あたためないで ①＿＿＿＿＿＿＿＿＿＿ 食(た)べられる カレーを もらいました。②＿＿＿＿＿＿＿＿＿＿ だったんですが、おいしかったです。

スミス：あ、それは ABC フーズの カレーだと 思(おも)います。じつは、私(わたし)は ABC フーズの 社員(しゃいん)なんですよ。

渡辺(わたなべ)：そうなんですか。③＿＿＿＿＿＿＿＿＿＿ たすかりました。

**2.** エマさんは 日本語学校(にほんごがっこう)の 石田先生(いしだせんせい)と ひさしぶりに 会(あ)いました。

エマ：先生(せんせい)、おひさしぶりです。

石田(いしだ)：エマさん、10 年(ねん)ぶりですね。

エマ：先生(せんせい)は ①＿＿＿＿＿＿＿＿＿＿ 全然(ぜんぜん) 変(か)わらないですね。

石田(いしだ)：ありがとう。エマさんは 日本語(にほんご)が 上手(じょうず)に なりましたね。

エマ：今(いま) アメリカの 会社(かいしゃ)の 日本支社(にほんししゃ)で はたらいているんですが、日本語(にほんご)で 打(う)ち合(あ)わせを したり、プレゼンを したり、ほとんど 日本語(にほんご)で 仕事(しごと)を しているんです。②＿＿＿＿＿＿＿＿＿＿。

石田(いしだ)：これからも ③＿＿＿＿＿＿＿＿＿＿。がんばってください。

エマ：ありがとうございます。

VOCABULARY

| あたためる (R2) warm | いしだ | Ishida (surname) |

## READING CHALLENGE

Read the passage and write T if the statement is correct and F if it is incorrect.

ペットビジネス

2021 年の ちょうさに よると、日本全国で やく 27% の 家庭が ペットを かっている そうです。ペットを 家族の ように 考える 人が ふえたため、ペットかんれんの 新しい ビジネスも 生まれました。

ペットと いっしょに すめる アパートや マンションが ふえています。いぬと いっしょに 食事が できる カフェや いぬ専用の スパも できました。ペットグッズのせんもん店も でき、おしゃれな ふくを 着た いぬも よく 見かけます。動物病院では、動物も 人間と おなじ けんさや ちりょうが うけられるように なりました。けんさや ちりょうは こうがくなため、ペットの ほけんも あります。

子どもの かずが へっている 日本では、ペットに お金を 使う 人が ふえています。これからも いろいろな ペットビジネスが さかんに なっていくでしょう。

① (　　) 日本では ペットを 家族の ように 考える 人が へっています。

② (　　) 日本には いぬと いっしょに 食事が できる カフェがあります。

③ (　　) 日本には ふくを 着ている いぬが います。

④ (　　) 動物病院では 動物と 人間が いっしょに けんさを うけます。

⑤ (　　) ペットビジネスが さかんに なってきました。

VOCABULARY

| | | | | | |
|---|---|---|---|---|---|
| ペットビジネス | pet business | ペットグッズ | pet goods | けんさ | checkup |
| ぜんこく | around the country | みかける (R2) | see, notice | ちりょう | (medical) treatment |
| やく～ | about . . . | どうぶつびょういん | veterinary clinic | こうがく(な) | expensive |
| ペットかんれん | pet related | | | | |

FURTHER PRACTICE 2

## READING

Read the passage and answer the questions.

### 魚が食べられなくなる？

日本人は魚が好きだ。魚が大好きな日本人のために、商社は世界中の海から魚を買ってくる。日本人が食べる魚の約半分が外国の魚だ。

しかし今、魚を多く食べるのは日本人だけではない。今まで肉を多く食べていたヨーロッパやアメリカの人たちが、魚が体にいいことを知って、健康のために魚を多く食べるようになってきている。アジアの国でも、健康志向が強くなって、魚を食べる人が増えている。その結果、世界の海から魚資源が減ってきている。

魚資源を守るために、国際的な会議を開いて魚資源の量を調べたり、魚をとる量を決めたりしている。しかし、この会議に参加していない国もあるので、問題の解決は簡単ではない。

そこで、魚の養殖が盛んになってきている。今、日本の漁業生産量の2割以上が養殖魚だ。海から子どもの魚をとってきて、水槽で大きくなるまで育てたり、親の魚から卵を採って、卵から育てたりしている。

2002年には世界で初めて日本が本マグロを卵から育てることに成功した。今では養殖マグロは、安くて味もいいので人気がある。しかし、生存率が低かったり、えさのコストが高かったりして、問題が多い。

魚資源を減らさずに、安くておいしい魚がいつでも食べられるようにするためには、どうしたらいいのだろうか。

#### VOCABULARY

| | |
|---|---|
| しょうしゃ | trading company |
| せかいじゅう | all over the world |
| けんこうしこう | health-conscious |
| さかなしげん | fish resources |
| まもる | protect |
| こくさいてき(な) | international |
| かいけつ | solution |
| ようしょく | fish farming |
| さかんに なる | become popular |
| ぎょぎょうせいさんりょう | fisheries production |
| 2わり | 20 percent |
| ようしょくぎょ | farmed fish |
| すいそう | tank |
| とる | take, collect |
| ほんマグロ | bluefin tuna |
| せいぞんりつ | survival rate |
| えさ | feed |
| いつでも | anytime |

## QUESTIONS

① なぜ魚を食べる人が世界中で増えているのですか。

② 魚資源を守るために、どんなことをしていますか。

## LISTENING

I Read the text below, then listen to the audio. Grasp the outline and choose the statements that are correct.

アナウンサーが 日本海洋大学の 水野きょうじゅに 意見を 聞いています。

① マグロを このまま 食べていたら、マグロは

(a) 10年で 世界の 海から いなくなってしまいます。

(b) 2、3年で 世界の 海から いなくなってしまいます。

② マグロようしょくの もんだいは

(a) おいしくない ことです。

(b) コストが 高い ことです。

③ 子どもの マグロを プールで そだてる ほうほうでは、マグロが 1キロ ふとる ために は、

(a) 小さい さかなを 1キロ ぐらい 食べなければ なりません。

(b) 小さい さかなを 10キロ 以上 食べなければ なりません。

II Now it's your turn to talk.

さかなしげんを まもる ために、私たちは どう したら いいと 思いますか。

### VOCABULARY

| | | | | | |
|---|---|---|---|---|---|
| なぜ | why | みずの | Mizuno (surname) | プール | pool |
| にほんかいようだいがく | Japan Marine University (fictitious university) | きょうじゅ | professor | | |
| | | いけん | opinion | | |

# LESSON 7 Tofu Is Made from Soybeans

## PRACTICE ① Passive form

Write the passive forms in hiragana following the pattern of the example.

| | Dictionary form | Passive form |
|---|---|---|
| hold, open | ひらく | e.g. ひらかれる |
| speak | はなす | ① |
| hold, conduct | おこなう | ② |
| call | よぶ | ③ |
| build | たてる | ④ |
| see, watch | みる | ⑤ |
| do | する | ⑥ |
| come | くる | ⑦ |

## PRACTICE ② Passive structure (1)

Complete the sentences following the pattern of the example by choosing the appropriate word from the box and changing it to the appropriate form. The words can be used only once.

~~作(つく)る~~　書(か)く　食(た)べる　飲(の)む　言(い)う　読(よ)む
輸入(ゆにゅう)する　輸出(ゆしゅつ)する　ほんやくする

1. 日本酒(にほんしゅ)は こめから e.g. 作(つく)られていて、日本(にほん)では むかしから ① ............ います。飲(の)みすぎなければ、体(からだ)に いいと ② ............ います。最近(さいきん)では 海外(かいがい)にも たくさん ③ ............ います。
2. とうふは だいずから 作(つく)られていて 日本(にほん)では むかしから よく ④ ............ います。今(いま)では だいずの 8わりぐらいが 海外(かいがい)から ⑤ ............ いるそうです。
3. 小説(しょうせつ)『こころ』は 1914 年(ねん)に 夏目漱石(なつめそうせき)によって ⑥ ............。多(おお)くの ことばに ⑦ ............、世界中(せかいじゅう)で ⑧ ............ います。

**VOCABULARY**

| | | | |
|---|---|---|---|
| しょうせつ | novel | なつめそうせき | Soseki Natsume (famous Japanese novelist) |
| こころ | *Kokoro* (lit. heart) | | |

## PRACTICE ③ ～べき

Complete the sentences following the pattern of the example by choosing the appropriate word or phrase from the box and changing it to the appropriate form. The words and phrase can be used only once.

| ~~そんちょうする~~ | まもる | ゆずる | みとめる | 世話を する | 知らせる |
|---|---|---|---|---|---|

**e.g.** ほかの 人に 自分の 考えを おしつけるのは よくないです。たにんの 意見を <u>そんちょうするべきだ</u>と 思います。

① ペットを すてる 人が いるそうですが、とても むせきにんだと 思います。ペットを かったら、最後まで __________ と 思います。

② バスや 電車の 中では、お年よりや 体の 不自由な 人に せきを __________ と 思います。

③ やくそくの 時間に おくれるのは あいてに しつれいです。時間は __________ と 思います。

④ 世の中には いろいろな 人が いて、このみや とくちょうも さまざまです。多様性を __________ と 思います。

⑤ チームで 仕事を するとき、「ほうこく」「れんらく」「そうだん」が とても 大切です。何か もんだいが 起きたら、すぐに じょうしに __________ と 思います。

**VOCABULARY**

| | | | | | |
|---|---|---|---|---|---|
| おしつける (R2) | push, force | よのなか | the world | さまざま(な) | various |
| むせきにん(な) | irresponsible | このみ | preference | ほうこく | report |
| しつれい(な) | rude | とくちょう | characteristic | | |

## LISTENING CHALLENGE

018

Read the text below, then listen to the audio and fill in the blanks with what you hear.

ラジャさんは 東京(とうきょう)を 回(まわ)る バスツアーに さんかしています。バスガイドが いろいろな 建物(たてもの)などについて 説明(せつめい)を しています。

こちらは 浅草(あさくさ)です。毎年(まいとし) 5月(がつ)に 三社祭(さんじゃまつり)が ①＿＿＿＿＿＿＿＿。三社祭(さんじゃまつり)は 700 年以上(ねんいじょう)の れきしが あると ②＿＿＿＿＿＿＿＿。

こちらは 東京(とうきょう)スカイツリーです。2012 年(ねん)に できました。イベントや きねん日(び)に 合(あ)わせて、いろいろな いろに ③＿＿＿＿＿＿＿＿。

こちらは 東京国際展示場(とうきょうこくさいてんじじょう)です。東京(とうきょう)ビッグサイトと ④＿＿＿＿＿＿＿＿。日本(にほん)で いちばん 大(おお)きい コンベンション・センターで、一年中(いちねんじゅう) さまざまな イベントが ⑤＿＿＿＿＿＿＿＿。1 日(にち)に 10 万人(まんにん)の おきゃくさんが 来(く)る ことも あります。

あちらに 見(み)えるのが 東京(とうきょう)タワーです。1958 年(ねん)に ⑥＿＿＿＿＿＿＿＿。東京(とうきょう)の シンボルとして ⑦＿＿＿＿＿＿＿＿。

こちらは 国会議事堂(こっかいぎじどう)です。1936 年(ねん)に ⑧＿＿＿＿＿＿＿＿。ここで 日本(にほん)の 国会(こっかい)が ⑨＿＿＿＿＿＿＿＿。

こちらは 代々木公園(よよぎこうえん)です。1964 年(ねん)に 東京(とうきょう)オリンピックが ⑩＿＿＿＿＿＿＿＿とき、ここに せんしゅが とまる しせつが ⑪＿＿＿＿＿＿＿＿。毎週(まいしゅう) さまざまな イベントが ⑫＿＿＿＿＿＿＿＿。

### VOCABULARY

| | |
|---|---|
| バスガイド | bus guide |
| さんじゃまつり | the Sanja Festival |
| ～に あわせて | according to . . . |
| あわせる（R2） | fit, match |
| とうきょうこくさいてんじじょう | Tokyo International Exhibition Center |
| とうきょうビッグサイト | Tokyo Big Sight |
| コンベンション・センター | convention center |
| いちねんじゅう | all year round |
| シンボル | symbol |
| こっかいぎじどう | National Diet Building |
| こっかい | the Diet |
| よよぎこうえん | Yoyogi Park |
| しせつ | facility |

代々木公園、
東京オリンピック、
せんしゅが とまる しせつ、
さまざまな イベント

東京スカイツリー、
2012年、
ライトアップ

浅草、
毎年５月　三社祭、
700年以上の れきし

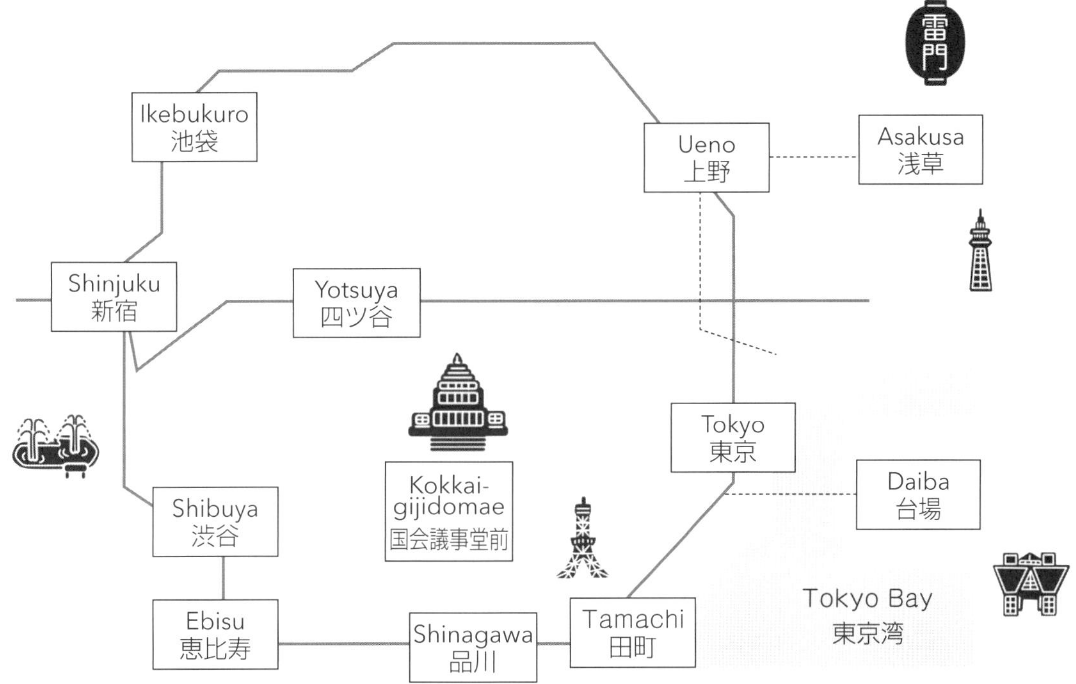

東京タワー、
1958年、
東京の シンボル

国会議事堂、
1936年、
日本の 国会

東京国際展示場、
東京ビッグサイト、
さまざまな イベント

## READING CHALLENGE

Read the passage and write T if the statement below is correct and F if it is incorrect.

### 外来語

日本では 外来語が 多く 使われています。カタカナで 書かれる ことが 多いので、カタカナ語と よばれる ことも あります。英語だけでなく、ポルトガル語や ドイツ語などから 来た ことばも あります。「外来語を 使うべきではない」と 主張している 人も いますが、外来語は 日本人の 生活に ふかく 入りこんでいるので、外来語を 使わずに 文を 書いたり 話したり する ことは、ほとんど ふかのうです。

外来語で もっとも 多いのは、「ジュース」「パン」「クリスマス」「コンピューター」「アレルギー」など、物や 行事、かがくの ちしきなどとともに 日本に 入った めいしです。また、「サボる」「ダブる」「ググる」のように 外来語の 一部に「る」を つけたり、「サービスする」「ダイエットする」のように「外来語＋する」の かたちで どうしに なった ものも たくさん あります。「シンプルな」「ダイナミックな」のように けいようしとして 使われている 外来語も あります。

① (　　) 外来語は カタカナ語と よばれる ことも あります。

② (　　) 外来語は 英語から 来た ことばだけです。

③ (　　) 外来語を 使わないで 話すのは とても むずかしいです。

④ (　　)「サボる」や「ダブる」や「ググる」は 外来語から 作られた どうしです。

⑤ (　　) 外来語から 作られた けいようしは ありません。

### VOCABULARY

| | | | | | |
|---|---|---|---|---|---|
| がいらいご | loan word | もっとも | most | ググる | make a Google search |
| カタカナご | katakana word | ぎょうじ | event | いちぶ | a part of |
| ポルトガル | Portugal | ちしき | knowledge | サービスする | serve |
| しゅちょうする | argue | ～とともに | with . . . | ダイエットする | go on a diet |
| はいりこむ | come into | めいし | noun | どうし | verb |
| ぶん | sentence | サボる | skip work or lessons | ダイナミック(な) | dynamic |
| ふかのう(な) | impossible | ダブる | overlap | けいようし | adjective |

## PRACTICE ① Passive structure (2)

Complete the sentences following the pattern of the example.

e.g. じょうしに <u>しかられた</u> ことが ある。 （しかる）

① 家族(かぞく)に 大切(たいせつ)な 物(もの)を ______ ことが ある。 （すてる）

② 友(とも)だちに 日本語(にほんご)を ______ ことが ある。 （ほめる）

③ こんでいる 電車(でんしゃ)で 足(あし)を ______ ことが ある。 （ふむ）

④ 海外旅行(かいがいりょこう)に 行(い)って、パスポートや さいふを ______ ことが ある。 （ぬすむ）

⑤ じょうしに ______ 仕事(しごと)を わすれてしまった ことが ある。 （たのむ）

⑥ どろぼうに ______ ことが ある。 （入(はい)る）

⑦ 犬(いぬ)に ______ ことが ある。 （かむ）

⑧ 車(くるま)を ______ ことが ある。 （ぶつける）

⑨ 知(し)らない 人(ひと)に ______ ことが ある。 （なぐる）

⑩ うそを つくのが 下手(へた)だと ______ ことが ある。 （言(い)う）

⑪ 知(し)り合(あ)いに ______ ことが ある。 （だます）

⑫ 小(ち)さい 子(こ)どもに 話(はな)しかけて、その 子(こ)どもに ______ ことが ある。 （なく）

⑬ セールスマンに うちに ______、こまった ことが ある。 （来(く)る）

⑭ 雨(あめ)に ______、びしょぬれに なった ことが ある。 （降(ふ)る）

VOCABULARY

| セールスマン salesperson | びしょぬれ soaking wet |

## PRACTICE ② Passive structure (2)

Complete the sentences following the pattern of the example by choosing the appropriate word from the box and changing it to the appropriate form. The words can be used only once.

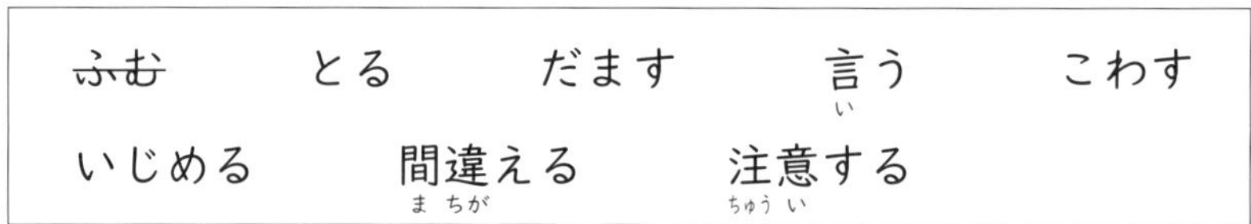

~~ふむ~~　とる　だます　言う　こわす
いじめる　間違える　注意する

1. 私は 電車で つうきんしています。東京の 電車は こんでいるので、本当は のりたくないんですが、車より 便利なので 使っています。今朝 電車の 中で 足を e.g. ふまれて しまいました。すごく いたかったです。これからは 自転車で つうきんしようと 思います。

2. 私は 社会人に なって 2年目です。この間 SNS で 知り合った 人に ① ＿＿＿＿＿＿、100 万円 ② ＿＿＿＿＿＿ しまいました。とても いい とうしの 話を されたので、しんじて 送金してしまったんです。これからは お金を おくる前に、よく かくにんしようと 思います。

3. 私は 中学生の とき、友だちが いませんでした。よく「くらい」と ③ ＿＿＿＿＿＿ いました。クラスメイトに ④ ＿＿＿＿＿＿ ことも あって、学校に 行くのが いやでした。でも、高校に 入ったら、とても いい 友だちが できて、学校が 楽しく なりました。

4. この間、1 歳半の 息子に めがねを ⑤ ＿＿＿＿＿＿ しまいました。コーヒーテーブルに めがねを おいて、ソファーで 昼寝を していたら、息子が めがねで あそんでいたんです。とても 気に入っている めがねだったので、ショックでした。

5. 私は ほちょうきを 使っています。この間、自転車に のっていたら、けいかんに「イヤホンをして 自転車に のっては いけませんよ」と ⑥ ＿＿＿＿＿＿ しまいました。ほちょうきを イヤホンと ⑦ ＿＿＿＿＿＿ んです。イヤホンじゃなくて ほちょうきだと 説明したら、すごく ていねいに あやまってくれました。

**VOCABULARY**

| | | | | | |
|---|---|---|---|---|---|
| つうきんする | commute | くらい | gloomy | ショック(な) | shocking |
| とうし | investment | コーヒーテーブル | coffee table | ほちょうき | hearing aid |
| そうきんする | transfer money | ひるねを する | take a nap | あやまる | apologize |

## PRACTICE ③ ～ては いけません

Make up sentences following the pattern of the examples.

**1.**

e.g. ① ② ③ ④

**e.g.** えいがかんで たばこを すっては いけません。

**2.**

e.g. ① ② ③ ④

**e.g.** びじゅつかんで 大(おお)きい 声(こえ)で 話(はな)しては いけません。

## PRACTICE ④ ～ては いけません

Make up sentences following the pattern of the example.

| | ○ | × |
|---|---|---|
| **e.g.** | 水(みず)や お茶(ちゃ)を 飲(の)む | おかしを 食(た)べる |
| ① | じしょを 使(つか)う | だれかに こたえを 教(おし)えてもらう |
| ② | バドミントンや フリスビーを する | ボールを 使(つか)う スポーツを する |
| ③ | クラウドに ほぞんした ファイルを きょうゆうする | ファイルを メールてんぷで おくる |

**e.g.** 水(みず)や お茶(ちゃ)を 飲(の)んでも いいですが、おかしを 食(た)べては いけません。

**VOCABULARY**

| | | | | | |
|---|---|---|---|---|---|
| フラッシュ | flash | フリスビーを する | play frisbee | きょうゆうする | share |
| さくひん | work (of art) | ボール | ball | メールてんぷ | attached file |
| バドミントンを する | play badminton | クラウド | cloud | | |

## LISTENING CHALLENGE

019

Read the text below, then listen to the audio and fill in the blanks with what you hear.

Aさん、Bさん、Cさんが 自分の けいけんについて 話しています。

A：今朝 駅に 着いたら 電車が おくれていて、ものすごく こんでいたんです。電車の 中で となりの 人に 足を ①____________ しまいました。降りる ときには 後ろの 人に ②____________、ころんでしまいました。その後 かばんを 見たら ファスナーが 開いていて、さいふが なかったんです。だれかに ③____________ んだと 思います。

B：私は 先日 ひどい けいけんを しました。よっぱらって くらい 道を 歩いていたとき、こわそうな 男の人に かたが ぶつかったと ④____________ んです。ぶつかっていないと 言ったら、大きな 声で ⑤____________、かおや 体を ⑥____________ しまいました。

C：私が 子どもの とき、両親が とても きびしかったんです。母には いつも 食事の 仕方を ⑦____________。たとえば、口に 物を 入れたまま ⑧____________ と 言われました。父には ⑨____________ とか しゅくだいが 終わるまで ⑩____________ とか 言われました。子どもの ときは いやだったんですが、今は 私も おなじような ことを むすめに 言っています。

VOCABULARY

| | | | |
|---|---|---|---|
| ものすごく | extremely | ひどい | terrible |
| ファスナー | fastener | よっぱらう | get drunk |

## READING CHALLENGE

Read the passage and write T if the statement below is correct and F if it is incorrect.
A and B posted their opinions about their language classes at high school on social media.

Aさん

私(わたし)は 高校(こうこう)の とき、英語(えいご)の クラスが あまり すきではありませんでした。英語(えいご)の 先生(せんせい)によく 間違(まちが)いを なおされたからです。こまかい ことを いつも 注意(ちゅうい)されて、楽(たの)しくなかったんです。私(わたし)は クラスで 先生(せんせい)に ほめられる 方(ほう)が すきなんですが、その 先生(せんせい)は 一度(いちど)も ほめてくれませんでした。

Bさん

私(わたし)は 高校(こうこう)の とき、スペイン語(ご)の クラスが すきでした。スペイン語(ご)の 先生(せんせい)が よく 間違(まちが)いを なおしてくれたからです。先生(せんせい)が 間違(まちが)いを なおしてくれたから、スペイン語(ご)が 話(はな)せるように なったと 思(おも)います。いつも きびしい 先生(せんせい)に たまに ほめられると、本当(ほんとう)に うれしかったです。

① (　　) Aさんの 英語(えいご)の 先生(せんせい)は Aさんの 間違(まちが)いを よく なおしました。

② (　　) Aさんの 英語(えいご)の 先生(せんせい)は Aさんを ほめたことが ありません。

③ (　　) Bさんの スペイン語(ご)の 先生(せんせい)は Bさんの 間違(まちが)いを よく なおしました。

④ (　　) Bさんの スペイン語(ご)の 先生(せんせい)は Bさんを ほめたことが ありません。

VOCABULARY

| まちがい | mistake | いちども ～ない | never | たまに | occasionally |
|---|---|---|---|---|---|

# I Will Think about What We Can Do

## PRACTICE ① ～か／か どうか

Make up dialogues following the pattern of the example and based on the information provided.

Sasaki is talking with her secretary.

| | | |
|---|---|---|
| e.g. | 本社(ほんしゃ)の 近(ちか)くの ホテルが とれますか | 調(しら)べます |
| ① | 会議(かいぎ)の 前日(ぜんじつ)に シカゴ支社(ししゃ)の ペレスさんと 打(う)ち合(あ)わせが できますか | ペレスさんに 聞(き)きます |
| ② | 会議(かいぎ)の つぎの 日(ひ)に 工場(こうじょう)を 見(み)に 行(い)けますか | かくにんします |
| ③ | 大阪支社(おおさかししゃ)からは だれが 会議(かいぎ)に 出席(しゅっせき)しますか | チャンさんに 聞(き)きます |

**e.g.** 佐々木(ささき)：来月(らいげつ) 3日(か)の アメリカ本社(ほんしゃ)の 会議(かいぎ)に 出席(しゅっせき)します。本社(ほんしゃ)の 近(ちか)くの ホテルが とれるか どうか 調(しら)べてください。

ひしょ：はい、わかりました。

## PRACTICE ② ～ことが できる

Complete the dialogues following the pattern of the example and based on the information provided.

Kato is thinking about using a bicycle sharing service. He has called the service center and is asking questions.

**e.g.** 加藤(かとう)：自転車(じてんしゃ)を よやくする ことが できますか。
(自転車(じてんしゃ)を よやくします)

サービスセンターの 人(ひと)：はい、30分前(ぷんまえ)から よやくする ことが できます。
(よやくします)

① 加藤(かとう)：ステーションに ................................................。
(自転車(じてんしゃ)が あるか どうか 調(しら)べます)

サービスセンターの 人(ひと)：はい、アプリで ................................................。
(かくにんします)

② 加藤(かとう)：................................................。
(よやくを とりけします)

サービスセンターの 人(ひと)：はい、5分前(ふんまえ)まで ................................................。
(とりけします)

VOCABULARY

| | | | | | |
|---|---|---|---|---|---|
| とる | reserve | ペレス | Peres (surname) | とりけす | cancel |
| ぜんじつ | the day before | サービスセンター | service center | | |
| シカゴ | Chicago | ステーション | station | | |

## PRACTICE ③ ～か／か どうか

Read the dialogue and write T if the statement below is true and F if it is incorrect.
Sasaki and Kato are talking.

佐々木(ささき)：うちに ソーラーパネルを つけるか どうか まよっているんです。加藤(かとう)さんは ソーラーパネルを つけているんですよね。どのくらい 発電(はつでん)できるんですか。

加藤(かとう)　：ソーラーパネルの 会社(かいしゃ)の サイトで シミュレーションする ことが できますよ。やねの めんせきや かくどと、じゅうしょを 入力(にゅうりょく)すると、1年間(ねんかん)に どのくらい 発電(はつでん)できるか 知(し)る ことが できます。ほかにも、いくら 電気代(でんきだい)を せつやくできるか、どのくらい CO2 を へらす ことが できるか けいさんできますよ。

佐々木(ささき)：へえ、便利(べんり)ですね。やってみます。

① (　　) 佐々木(ささき)さんの うちには ソーラーパネルが ありますが、加藤(かとう)さんの うちには ありません。

② (　　) ソーラーパネルの 会社(かいしゃ)の サイトで、佐々木(ささき)さんの うちで どのくらい 発電(はつでん)できるか 知(し)る ことが できます。

③ (　　) ソーラーパネルの 会社(かいしゃ)の サイトで、いくら 電気代(でんきだい)を せつやくできるか 知(し)る ことが できます。

④ (　　) ソーラーパネルの 会社(かいしゃ)の サイトで、どのくらい CO2 を へらす ことが できるか 知(し)る ことは できません。

### VOCABULARY

| | | | | | |
|---|---|---|---|---|---|
| ソーラーパネル | solar panel | めんせき | area | せつやくする | save |
| つける（R2） | attach | かくど | angle | CO2（シーオーツー） | CO2 |
| どのくらい | how much | ほかにも | other than this | けいさんする | calculate |
| はつでんする | generate power | でんきだい | electricity bill | | |
| シミュレーションする | simulate | ～だい | price of . . . | | |

## LISTENING CHALLENGE

020, 021

Listen to the audio. Write T if the statement below is correct and F if it is incorrect.

**1.** スミスさんと エマさんが オフィスで 話(はなし)を しています。

① (　　) スミスさんは 今晩(こんばん) パーティーに 行(い)くか どうか まよっています。

② (　　) エマさんは 今晩(こんばん) 会議(かいぎ)に 出(で)られるか どうか わかりません。

③ (　　) エマさんは 今晩(こんばん) パーティーに 行(い)けるか どうか わかりません。

④ (　　) エマさんは 今晩(こんばん) パーティーに 行(い)くか どうか スミスさんに れんらくします。

⑤ (　　) 中村(なかむら)さんは 今晩(こんばん) オンライン会議(かいぎ)が あるので、パーティーに 行(い)きません。

**2.** スミスさんが コミュニティセンターの 人(ひと)と 話(はな)しています。

① (　　) コミュニティセンターの 会議室(かいぎしつ)が いつ 空(あ)いているか ホームページで 見(み)られます。

② (　　) ホームページで 会議室(かいぎしつ)を よやくする ことは できません。

③ (　　) 会議室(かいぎしつ)は 3か月前(げつまえ)から よやくできます。

## READING CHALLENGE

Read the passage and write T if the statement below is correct and F if it is incorrect.

### ふろしき

ふろしきを 知(し)っていますか。物(もの)を つつんで 持(も)ち運(はこ)ぶ ことが できる しかくい ぬので、日本(にほん)で 1,000 年以上前(ねんいじょうまえ)から 使(つか)われています。つつみ方(かた)を 変(か)えれば しかくい はこは もちろん、ワインの びんや すいかの ような まるい 物(もの)など、いろいろな かたちの 物(もの)を きれいに つつむ ことが できます。ナイロンの ふくろより じょうぶで、おもい 物(もの)を 運(はこ)ぶ ことも できます。はしと はしを むすんで わを 作(つく)ると、バッグの ように かたに かける ことも できます。使(つか)わない ときは コンパクトに たたんで しまう ことが できて、とても 便利(べんり)です。あらって くりかえし 使(つか)う ことが できて かんきょうに やさしいので、最近(さいきん)は わかい 人(ひと)にも 人気(にんき)が あります。

ふろしきを 売(う)っている 店(みせ)に 行(い)くと、でんとうてきな がらや、シンプルな むじの もの、有名(ゆうめい)な えが かかれている ものなど、さまざまな いろや がらの ふろしきが ならんでいて、どれに するか まよってしまいます。サイズも いろいろ あります。つつみ方(かた)は、お店(みせ)の 人(ひと)が 教(おし)えてくれますし、お店(みせ)の ホームページなどで イラストや 動画(どうが)の 説明(せつめい)を 見(み)る ことも できます。みなさんも 一度(いちど) ふろしきを 使(つか)ってみませんか。

① (　　) ふろしきは むかし 使(つか)われていましたが、今(いま)は 使(つか)われていません。

② (　　) びんや まるい かたちの 物(もの)も ふろしきで つつんで 運(はこ)ぶ ことが できます。

③ (　　) ふろしきは かるい 物(もの)しか 運(はこ)ぶ ことが できません。

④ (　　) ふろしきは 何度(なんど)でも 使(つか)う ことが できます。

⑤ (　　) わかい 人(ひと)は ふろしきを 使(つか)いません。

⑥ (　　) ふろしきの いろや がらは さまざまです。

⑦ (　　) いろいろな 大(おお)きさの ふろしきが あります。

#### VOCABULARY

| | |
|---|---|
| ふろしき | *furoshiki* (traditional Japanese wrapping cloth) |
| もの | thing, object |
| もちはこぶ | carry |
| ぬの | cloth |
| つつみかた | way to wrap |
| もちろん | of course |
| びん | bottle |
| すいか | watermelon |
| かたち | shape |
| はし | end |
| むすぶ | tie |
| わ | loop |
| かたに かける (R2) | carry on one's shoulder |
| コンパクト(な) | compact |
| たたむ | fold |
| がら | design, pattern |
| むじ | plain |
| なんどでも | any number of times |

## READING & WRITING　～か どうか

### しんぱいな こと　What I'm Worried About

**I** Read the following passages.　022

① 加藤（かとう）

あしたから 家族（かぞく）と 沖縄（おきなわ）に 行（い）く よていです。子（こ）どもは 沖縄（おきなわ）に 行（い）った ことが ないので、とても 楽（たの）しみにしています。でも、台風（たいふう）で きのうから ひこうきが とんでいないので、旅行（りょこう）に 行（い）けるか どうか しんぱいです。

② グリーン

来週（らいしゅう） 日本語（にほんご）の 試験（しけん）を うけようと 思（おも）っています。先生（せんせい）は よく 勉強（べんきょう）したので、ごうかくするだろうと 言（い）ってくれています。でも、漢字（かんじ）を あまり おぼえていないので、試験（しけん）に うかるか どうか しんぱいです。

③ ラジャ

あした 大阪支社（おおさかししゃ）に 出張（しゅっちょう）します。今（いま） 開発（かいはつ）している 商品（しょうひん）について プレゼンを しなければ なりません。日本語（にほんご）で プレゼンを するので、うまく いくか どうか しんぱいです。

④ ジョーンズ

４月（がつ）に 東京支社（とうきょうししゃ）に てんきんします。日本（にほん）には 一度（いちど）しか 行（い）った ことが ないので、すぐに 日本（にほん）の 生活（せいかつ）に なれる ことが できるか どうか しんぱいです。

**II** Follow the patterns of the passages shown above and write what you are worried about.

........................................................................................................................ので、

........................................................................................................................か どうか しんぱいです。

**VOCABULARY**

ジョーンズ　Jones (surname)

## READING

Read the passage and answer the questions.

### 個人情報が危ない

スマホを持つことが当たり前になった今、スマホのない生活を想像することができない人も多いのではないだろうか。スマホが1台あれば、いつでも、どこでも、必要な情報を手に入れることができる。スマホは便利だが、リスクもある。行ったことがないレストランや店から誕生日にメールが来て、「おめでとうございます」と書いてあったり、自分の仕事に関係のあるセミナーの案内がひんぱんに届くようになったりしたという経験はないだろうか。

業者はいつ、どこで、誕生日や職業を知ったのだろうか。無料のWi-Fiを利用したときに個人情報を抜き取られていたり、ネットショッピングをしたときや、アプリに登録したときに入力した情報が売買されたりしたかもしれない。個人情報が悪用されて、犯罪に巻き込まれることもある。流出した個人情報を削除することは難しい。個人情報を入力するときは安心して利用できるサイトかどうか確かめることが必要だ。

スマホのおかげで、生活が便利になった。しかし、一方で、自分や家族の情報を守るために、気をつけなければならないことが多くなってしまったのかもしれない。

#### VOCABULARY

| | | | | | |
|---|---|---|---|---|---|
| こじんじょうほう | personal information | あんない | invitation | あくようする | misuse |
| あたりまえ | commonplace | ひんぱんに | frequently | はんざい | crime |
| そうぞうする | imagine | ぎょうしゃ | trader, company | まきこむ | involve |
| いつでも | anytime | しょくぎょう | occupation | りゅうしゅつする | be leaked |
| てにいれる（R2） | get | Wi-Fi（ワイファイ） | Wi-Fi | たしかめる（R2） | make sure |
| リスク | risk | ぬきとる | extract | いっぽうで | on the other hand |
| かんけいがある | be related to | ネットショッピング | online shopping | | |
| | | ばいばいする | trade | | |

## QUESTIONS

① ネットショッピングをしたり、アプリに登録したりするために個人情報を入力するとき、どんなことが必要だと言っていますか。

② あなたは自分や家族の個人情報を守るために、どんなことに注意していますか。

## LISTENING

 023

I Read the text below, then listen to the audio. Grasp the outline and choose the statements that are correct.

> Scams using telephones to defraud people they have never met have been increasing since around 2004. Typical scams involve calling someone pretending to be a relative, such as a child or grandchild, and saying, "I suddenly need some money," and asking to have the money transferred to a specific account.

鈴木 大介さんの 両親が 話しています。

① 今日の 昼ごろ 鈴木さんの お母さんに 電話を かけたのは

(a) 息子の 大介さんです。

(b) 息子の 大介さんではありません。

② 今日 大介さんは

(a) かぜを ひいて、会社を 休みました。

(b) 出張で 大阪に 行っています。

③ 鈴木さんの お母さんは

(a) 20 万円 ふりこみました。

(b) お金を ふりこみませんでした。

II Now it's your turn to talk.

① あなたの 国にも おなじような さぎが ありますか。

② おなじような さぎで だまされないように する ためには どう すれば いいでしょうか。

VOCABULARY

| だいすけ Daisuke (first name) | ふりこむ transfer money | おなじような same kind |

# LESSON 10 Go for It, Mirakuru!

## PRACTICE ① ～ても／でも

Complete the dialogues following the pattern of the example and based on the information provided.

e.g.

くつ

長(なが)く 歩(ある)く、つかれません

①

シャツ

せんたくする、
しわに なりません

②

パソコン

おとす、こわれません

③

マスカラ

なく、おちません

④

時計(とけい)

くらい、見(み)えます

⑤

アイスクリーム

時間(じかん)が たつ、とけません

⑥

おもちゃ

子(こ)どもが 口(くち)に 入(い)れる、
安全(あんぜん)です

⑦

ビール

飲(の)む、よいません

⑧

ふうせん

のる、われません

e.g. A：どんな くつが ほしいですか。

B：長(なが)く 歩(ある)いても つかれない くつが ほしいです。

### VOCABULARY

| | | | | | |
|---|---|---|---|---|---|
| しわに なる | be wrinkled | とける | melt | のる | get on |
| しわ | wrinkle | おもちゃ | toy | われる | break |
| マスカラ | mascara | よう | be drunk | | |
| おちる（R2） | come off | ふうせん | balloon | | |

## PRACTICE ② ～ても／でも

Complete the dialogues following the pattern of the example by choosing the appropriate word from the box and changing it to the appropriate form. The words can be used only once.

| ~~あつい~~ | かさばる | かかる | 安(やす)い | 高(たか)い | めんどう | さむい |
|---|---|---|---|---|---|---|

A：何(なに)か かんきょうの ために している ことが ありますか。

e.g. B：ええ、夏(なつ)は <u>あつくても</u> エアコンの おんどを 28 度(ど)に しています。

① B：ええ、冬(ふゆ)は ＿＿＿＿＿＿ だんぼうの おんどを 20 度(ど)ぐらいに しています。

② B：ええ、時間(じかん)が ＿＿＿＿＿＿ 車(くるま)を 使(つか)わないで 自転車(じてんしゃ)に のっています。

③ B：ええ、家電(かでん)を 買(か)う ときは、＿＿＿＿＿＿ しょうエネの 物(もの)を えらんでいます。

④ B：ええ、にもつが ＿＿＿＿＿＿ コーヒーの テイクアウト用(よう)に 自分(じぶん)の カップを かばんに 入(い)れて 持(も)ち歩(ある)いています。

⑤ B：ええ、＿＿＿＿＿＿ ペットボトルは あらって ラベルを とって しげんごみとして すてています。

⑥ B：ええ、ごみを へらすために、どんなに ＿＿＿＿＿＿ いらない 物(もの)は 買(か)わないように しています。

### VOCABULARY

| | | | | | |
|---|---|---|---|---|---|
| かさばる | be bulky | おんど | temperature | とる | remove |
| めんどう(な) | troublesome | テイクアウト | take out | しげんごみ | recyclable waste |
| だんぼう | heating | ラベル | label | | |

## PRACTICE ③ Imperatives

Fill in the balloons with the appropriate forms of the alternatives given.

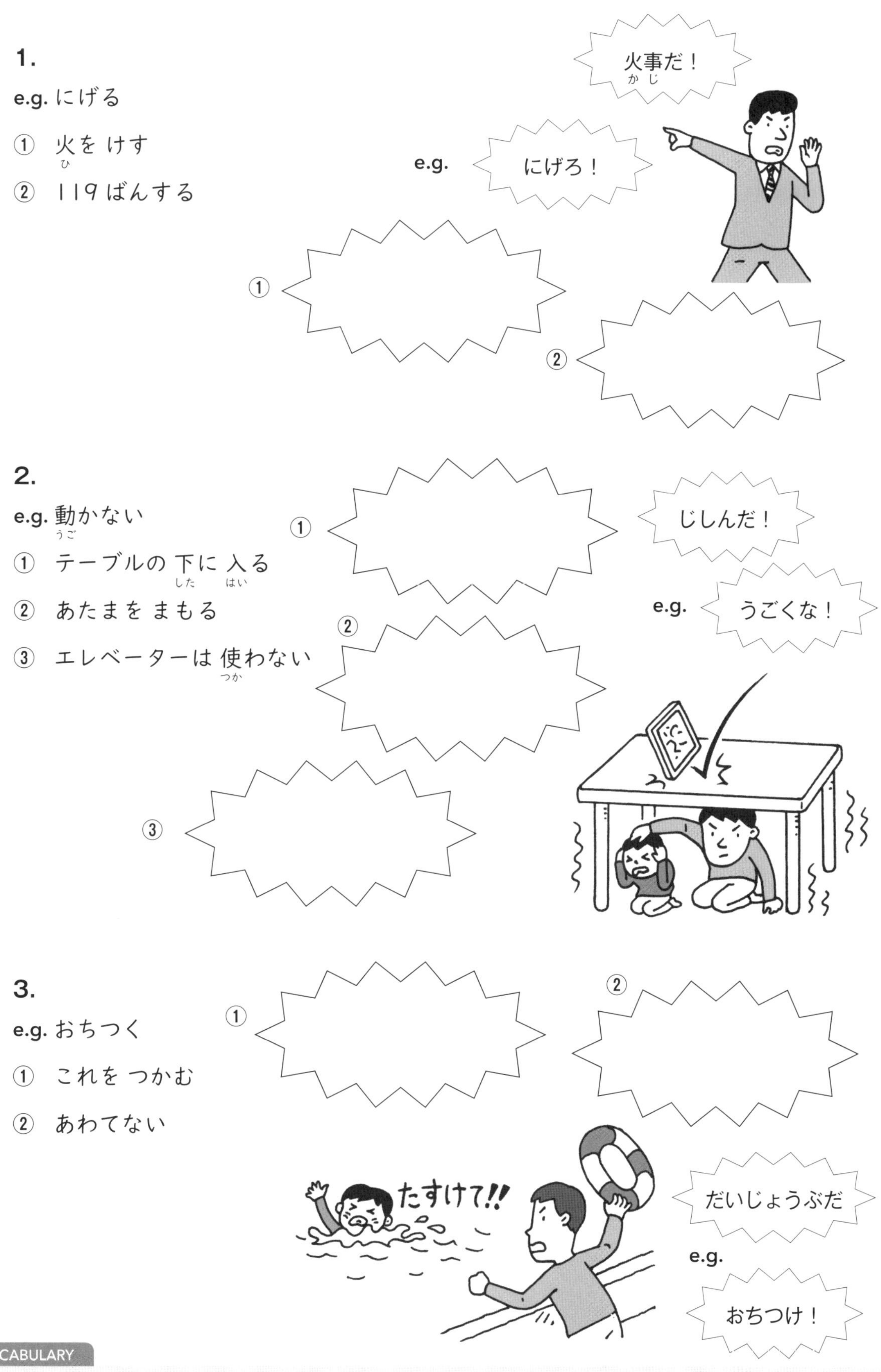


VOCABULARY

| 119 ばんする | call 119 | つかむ | grab |
|---|---|---|---|

## LISTENING CHALLENGE

 024

Read the text below, then listen to the audio and fill in the blanks with what you hear.

ヘリポートの けんせつ計画が あります。説明会で、きんじょに 住む小山さん、野口さん、佐野さん、広田さんが 意見を 言っています。

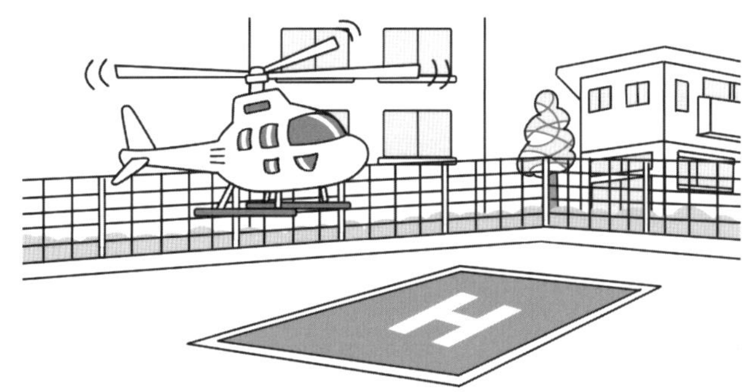

小山：小山です。私は ヘリポートの けんせつ計画に はんたいです。①＿＿＿＿＿＿＿＿＿＿、うるさくなります。私は みどりが 多くて しずかな 町だから ここに 住んでいるんです。②＿＿＿＿＿＿＿＿＿＿、もう ここには 住めません。

野口：野口です。私は さんせいです。ヘリポートが できたら、とても ③＿＿＿＿＿＿＿＿＿＿。おもい 病気の 人や けがを した 人を すぐ 大きい 病院に 運べると 思います。④＿＿＿＿＿＿＿＿＿＿、ヘリポートが できた 方が いいと 思います。

佐野：佐野です。私も さんせいです。去年の 大雨の ような さいがいが 起きた とき、車が ⑤＿＿＿＿＿＿＿＿＿＿。ヘリポートが できたら、車が ⑥＿＿＿＿＿＿＿＿＿＿ ヘリコプターで たすけてもらえると 思います。

広田：広田です。私は はんたいです。ひつような ときは 学校の グラウンドを ヘリポートに すれば いいと 思います。グラウンドを 使えば、新しい ヘリポートを ⑦＿＿＿＿＿＿＿＿＿＿ 病気の 人や けがを した 人を 大きい 病院に ⑧＿＿＿＿＿＿＿＿＿＿ と 思います。

### VOCABULARY

| | | | | | |
|---|---|---|---|---|---|
| ヘリポート | heliport | さの | Sano (surname) | たすける (R2) | save |
| けんせつけいかく | building plans | ひろた | Hirota (surname) | グラウンド | sports ground |
| せつめいかい | briefing session | さんせい | agree | | |
| のぐち | Noguchi (surname) | ヘリコプター | helicopter | | |

## READING CHALLENGE

Read the passage and write T if the statement below is correct and F if it is incorrect.
This is a column in a newspaper.

### 122 たい 0

やきゅうの 試合で 10 てん以上の てんが 入る ことは あまり 多くないが、高校生の やきゅう大会で「122 たい 0」という ワンサイドゲームが あった。3人の ピッチャーは「いつに なったら 終わるんだ。もう これ 以上 打たないでくれ」と 思いながら なげた。やく 4時間も つづいた 試合の 間、見ていた 人たちは「がんばれ」「打て」「あきらめるな」と 休まずに おうえんを つづけた。あいてチームも「気を ぬくのは しつれいだ」と 思い 最後まで 全力で プレーした。もちろん、しんぱんか まけている チームが やめると 言えば、もっと 早く 試合を 終える ことも できた。しかし、「みんなが おうえんしてくれている。最後まで 試合を つづけたい」と 言う ピッチャーに、かんとくは なかなか「やめろ」と 言えなかったようだ。

ワンサイドゲームに なった とき、アメリカでは 早めに やめるのが ふつうだそうだ。最後まで つづけるのは 時間が もったいないし、まけている あいての プライドを 大切にするから だそうだ。

① (　　) やきゅうの 試合で 10 てん以上の てんが 入る ことは よく ある。

② (　　) まけている チームの かんとくは 試合を やめると 言った。

③ (　　) まけている チームの ピッチャーは「最後まで 試合を つづけたい」と 言った。

④ (　　) ワンサイドゲームに なったとき、アメリカでも 最後まで 試合を つづける ことが 多い。

### VOCABULARY

| | | | | | |
|---|---|---|---|---|---|
| ワンサイドゲーム | one-sided game | ぜんりょくで | with all one's might | はやめに | early |
| これいじょう | anymore | しんぱん | umpire | ふつう | common |
| ピッチャー | pitcher | おえる (R2) | end | プライド | pride |
| きを ぬく | slack | かんとく | manager | | |

## PRACTICE ① ～らしい

Complete the dialogues following the pattern of the example and based on the information provided.

e.g. A：佐々木さんは きのう、びょういんに 行ったそうです。

B：ちょっと 聞いたんですが、佐々木さんは きのう 病院に 行ったらしいですよ。

C：ええっ！　（病院に 行きました）

① A：エマさんは 会社に 来るとき、こうつうじこを 見たそうです。

B：ちょっと 聞いたんですが、エマさんは 会社に 来るとき ……………………

……………………。（こうつうじこに あいました）

C：ええっ！

② A：加藤さんの うちの 犬は とても かわいいそうです。

B：ちょっと 聞いたんですが、加藤さんの うちの 犬は ……………………

……………………。（とても こわいです）

C：へえ、そうなんですか。

③ A：スミスさんの 朝ご飯は パンと ぎゅうにゅうだけだそうです。

B：ちょっと 聞いたんですが、スミスさんの 朝ご飯は パンと ……………………

……………………。（牛肉だけです）

C：へえ、そうなんですか。

④ A：鈴木さんの 友だちと 鈴木さんの いもうとさんが けっこんするそうです。

B：ちょっと 聞いたんですが、鈴木さんが ……………………

……………………。（友だちの いもうとさんと けっこんします）

C：えっ、そうなんですか。

⑤ A：グリーンさんの 家の 近くで 火事が あったそうです。

B：ちょっと 聞いたんですが、グリーンさんの 家が ……………………

……………………。（火事に なりました）

C：ええっ！

**VOCABULARY**

ええっ！ What?!

## PRACTICE ② ～ように

Complete the sentences following the pattern of the example by choosing the appropriate word or phrase from the box and changing it to the appropriate form. The words and phrase can be used only once.

| ~~ねぼうしません~~ | ふみません | なおります | 飲(の)めます |
|---|---|---|---|
| 見(み)えます | めいわくに なりません | 聞(き)こえます | |

e.g. あした <u>ねぼうしない</u>ように、今日(きょう)は 早(はや)く 寝(ね)ます。

① みみが 悪(わる)い そふに ______ ように、大(おお)きい 声(こえ)で 話(はな)しました。

② ホワイトボードの 字(じ)が よく ______ ように、前(まえ)の 席(せき)に すわりました。

③ 子(こ)どもが ______ ように、コーヒーに ミルクを たくさん 入(い)れました。

④ そぼの 病気(びょうき)が 早(はや)く ______ ように、いのっています。

⑤ 電気(でんき)コードを ______ ように、気(き)を つけてください。

⑥ みんなの ______ ように、電車(でんしゃ)の 中(なか)では 電話(でんわ)しません。

## PRACTICE ③ ～たばかり

Complete the sentences following the pattern of the example by choosing the appropriate word from the box and changing it to the appropriate form. The words can be used only once.

| ~~来(き)ます~~ | 入社(にゅうしゃ)します | 起(お)きます | 始(はじ)めます | 買(か)います | 生(う)まれます | できます |
|---|---|---|---|---|---|---|

e.g. 去年(きょねん) 日本(にほん)に <u>来(き)た</u>ばかりなので、まだ 日本語(にほんご)が あまり 上手(じょうず)じゃありません。

① ______ ばかりの シャツに コーヒーを こぼしてしまって、ショックです。

② この ラーメン屋(や)は 先月(せんげつ) ______ ばかりですが、おいしいので、いつも 行列(ぎょうれつ)が できています。

③ 今年(ことし) スノーボードを ______ ばかりなので、リフトに のるのも 降(お)りるのも こわいです。

④ 先月(せんげつ) ______ ばかりなので、まだ 仕事(しごと)に なれていません。

⑤ じこが ______ ばかりの ようですね。パトカーや きゅうきゅう車(しゃ)が 止(と)まっています。

⑥ うちに 3日前(かまえ)に ______ ばかりの 子犬(こいぬ)が 3びき います。かわいいですよ。

**VOCABULARY**

| | | | | | |
|---|---|---|---|---|---|
| みみが わるい | can't hear well | ホワイトボード | whiteboard | ぎょうれつ | line |
| めいわくに なる | be troublesome | そぼ | (my) grandmother | リフト | lift |
| そふ | (my) grandfather | コード | cord | こいぬ | puppy |

## READING & SPEAKING　～ように

### 気(き)を つけている こと　Things I Am Careful About

**I** Read the following passages.　025

① 私(わたし)は 最近(さいきん) わすれっぽくなったので、仕事(しごと)で しっぱいしないように 気(き)を つけて います。会議(かいぎ)の 時間(じかん)を 間違(まちが)えないように、かならず スケジュールを かくにん します。また、伝言(でんごん)は わすれないように メモを とっておきます。

② 私(わたし)は 最近(さいきん) いそがしくて つかれが とれないので、病気(びょうき)に ならないように 気(き)を つけています。外食(がいしょく)は やさいが 足(た)りないので、えいようの バランスが よく なる ように、朝(あさ)、やさいジュースを 飲(の)んでいます。また、夜(よる) ぐっすり ねむれるよう に、ゆっくり おふろに 入(はい)ります。

**II** Refer to the illustrations and key words below to try to reproduce what you just read.

①

さいきん わすれっぽくなった

会議(かいぎ)の 時間(じかん)
伝言(でんごん)

②

さいきん つかれが とれない

えいようの バランス
ぐっすり ねむれる

**III** Is there anything that you have been watching yourself about recently? Use the template below to talk about any habits you maintain toward this goal.

私(わたし)は 最近(さいきん) ______situation______ ので、________________

________________ように 気(き)を つけています。

______Desirable state______ ように、______habits you

try to maintain______。

VOCABULARY

| | | | | | |
|---|---|---|---|---|---|
| わすれっぽい | forgetful | メモ | memo | えいよう | nutrition |
| でんごん | message | つかれが とれる（R2） | get rid of fatigue | ぐっすり | soundly |

## LISTENING CHALLENGE

026, 027

Read the text below, then listen to the audio and fill in the blanks with what you hear.

**1.** 北野(きたの)さんは 友人(ゆうじん)と コンピューター会社(がいしゃ) BC ジャパンについて 話(はな)しています。(This dialogue is in the audio.) その後(あと) 友人(ゆうじん)に 聞(き)いたことを どうりょうに 話(はな)します。

北野(きたの)　：BC ジャパンの 今年(ことし)の ぎょうせきが ①＿＿＿＿＿＿＿＿ らしいんですが、何(なに)か 知(し)っていますか。

どうりょう：いいえ。その話(はなし)、本当(ほんとう)ですか。本当(ほんとう)だったら、私(わたし)たちにも えいきょうが ありますよ。

北野(きたの)　：そうですね。

**2.** 北野(きたの)さんは 友人(ゆうじん)と ロックスター Paris Jade（PJ）の ライブについて 話(はな)しています。(This dialogue is in the audio.) その後(あと) 友人(ゆうじん)に聞(き)いたことを どうりょうに 話(はな)します。

どうりょう：来週(らいしゅう)、PJ の ライブに 行(い)くんです。

北野(きたの)　：ちょっと 聞(き)いたんですが、PJ は ①＿＿＿＿＿＿＿＿ らしいですよ。

どうりょう：え？ 本当(ほんとう)ですか。

北野(きたの)　：本当(ほんとう)かどうか わからないんですが、PJ の ファンの サイトを 見(み)た 友(とも)だちに 聞(き)いたんです。

VOCABULARY

| | | | | | |
|---|---|---|---|---|---|
| きたの | Kitano (surname) | BC ジャパン | BC Japan (fictitious company name) | ロックスター | rock star |
| ゆうじん | friend | | | PJ | PJ (nickname for fictitious rock star) |

## READING CHALLENGE

**I** Read the passage, and write T if the statement below is correct and F if it is incorrect.
This is an excerpt from a book introducing Japanese culture.

**1.**

まねきねこ

　レストランや お店(みせ)で「まねきねこ」という ねこの おきものを 見(み)た ことが ありますか。日本(にほん)では「まねきねこ」には 人(ひと)を よぶ ちからが あると 言(い)われています。いろいろな 店(みせ)で おきゃくさんに たくさん 来(き)てもらえるように レジの 近(ちか)くに よく おいてあります。最近(さいきん)、外国人(がいこくじん)の 間(あいだ)でも 人気(にんき)が あり、国(くに)に 帰(かえ)るとき おみやげに 買(か)って 帰(かえ)る 人(ひと)が 多(おお)いそうです。

① (　　)「まねきねこ」には 人(ひと)を よぶ ちからが あると 言(い)われている。

② (　　)「まねきねこ」は お店(みせ)が かっている ペットだ。

③ (　　)「まねきねこ」は 最近(さいきん)、外国人(がいこくじん)に 人気(にんき)が ある。

**2.**

おせち料理(りょうり)

「おせち料理(りょうり)」という 特別(とくべつ)な 料理(りょうり)を 知(し)っていますか。「おせち料理(りょうり)」は 新(あたら)しく むかえた 1年(ねん)を 元気(げんき)に すごせるように がんたんから 3日(か)まで 食(た)べる 料理(りょうり)です。年(とし)の 初(はじ)めから 食事(しょくじ)の じゅんびを しなくても いいように おおみそかまでに 作(つく)っておきます。最近(さいきん)は「おせち料理(りょうり)」を 自分(じぶん)で 作(つく)らずに デパートや レストランで 買(か)う 人(ひと)も ふえてきたようです。

① (　　)「おせち料理(りょうり)」は おおみそかに 食(た)べる 料理(りょうり)だ。

② (　　)「おせち料理(りょうり)」は がんたんに 作(つく)る。

③ (　　)「おせち料理(りょうり)」は デパートや レストランで 買(か)う ことも できる。

**II** Now it's your turn to talk. Talk about any special foods or things for special occasions in your country.

..........................................................................................

..........................................................................................

**VOCABULARY**

| | | | | | |
|---|---|---|---|---|---|
| まねきねこ | *manekineko* (lit. beckoning cat) | レジ | cash register | むかえる (R2) | greet |
| おきもの | figurine | ～の あいだで | among . . . | がんたん | New Year's Day |
| ちから | power | おせちりょうり | *osechi* dishes | おおみそか | New Year's Eve |

# LESSON 12 The More You Practice, the Better You'll Get

## PRACTICE ① ～やすい／にくい

Complete the dialogues following the pattern of the example by choosing the appropriate word from the box, adding やすい or にくい to it according to the context, and changing the word to its appropriate form. The words can be used only once.

| ~~歩く(ある)~~ | 書く(か) | おぼえる | すべる | 聞(き)こえる | 食(た)べる |
|---|---|---|---|---|---|

**e.g.** on the way to the venue of a fireworks festival

A：もうすぐ 花火大会(はなびたいかい)が 始(はじ)まります。いそぎましょう。

B：ちょっと 待(ま)ってください。今日(きょう)は げたなので、歩(ある)きにくいんです。

① at a chopsticks specialty shop

店員(てんいん)：これは めんるい用(よう)の おはしです。うどんや そばが ＿＿＿＿＿＿ので、＿＿＿＿＿＿んです。

客(きゃく)　：へえ、いろいろな おはしが あるんですね。

② at the reception of a solo exhibition in preparation

A：来(き)た 人(ひと)に うけつけで 名前(なまえ)を 書(か)いてもらいます。ふでと すみを 用意(ようい)しました。

B：なれない 人(ひと)は、ふでは ＿＿＿＿＿＿ と 思(おも)うかもしれません。ふつうの ペンも おいておきましょう。

③ at a Japanese class

学生(がくせい)：あのう、先生(せんせい)、すみません、声(こえ)が ＿＿＿＿＿＿ んですが…。

先生(せんせい)：すみません。でも、今日(きょう)は かふんしょうが ひどくて、マスクを とれないんです。

④ at a Japanese class

先生(せんせい)：これは「こまる」の 漢字(かんじ)です。口(くち)の 中(なか)に 木(き)が あると、こまりますよね。

学生(がくせい)：おもしろいですね。そのような 説明(せつめい)で 漢字(かんじ)が ＿＿＿＿＿＿ なります。

**VOCABULARY**

| | | | | | |
|---|---|---|---|---|---|
| げた | wooden clogs | ふで | brush | ふつうの | ordinary |
| めんるい | noodles | すみ | India ink | そのような | like that |

## PRACTICE ② ～ほど ～ない

**I** Complete the sentences and dialogues following the pattern of the example and based on the information provided.

**e.g.** ① ②

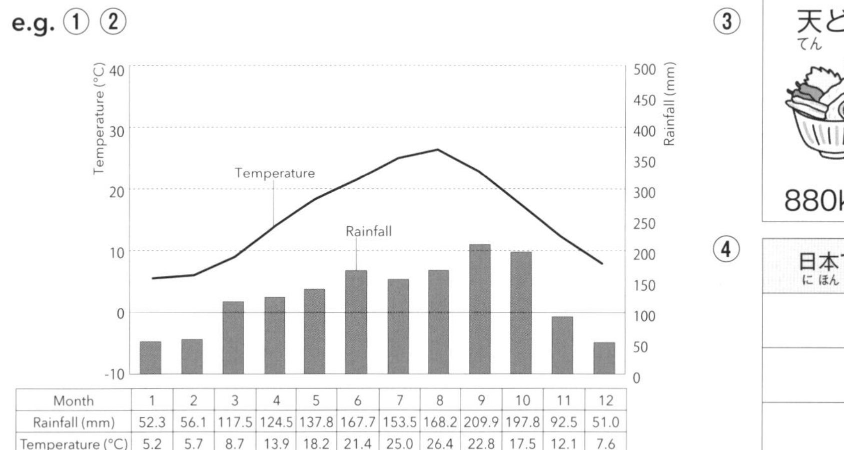


| Month | 1 | 2 | 3 | 4 | 5 | 6 | 7 | 8 | 9 | 10 | 11 | 12 |
|---|---|---|---|---|---|---|---|---|---|---|---|---|
| Rainfall (mm) | 52.3 | 56.1 | 117.5 | 124.5 | 137.8 | 167.7 | 153.5 | 168.2 | 209.9 | 197.8 | 92.5 | 51.0 |
| Temperature (°C) | 5.2 | 5.7 | 8.7 | 13.9 | 18.2 | 21.4 | 25.0 | 26.4 | 22.8 | 17.5 | 12.1 | 7.6 |

Tokyo

③

| 天どん | かつどん |
|---|---|
| 880kcal | 1020kcal |

④

| 日本で 多い 名字 ベスト3 |
|---|
| 1位 佐藤 |
| 2位 鈴木 |
| 3位 高橋 |

**e.g.** 7月も 8月も あついですが、7月は 8月ほど あつくないです。

① 2月も 12月も さむいですが、＿＿＿＿＿＿＿＿。

② 6月も 9月も 雨が 多いですが、＿＿＿＿＿＿＿＿。

③ ラジャ：どっちに しよう。さいきん カロリーが 高いものを 食べすぎているから…。

中村　：天どんは ＿＿＿＿＿＿＿＿ よ。

ラジャ：じゃあ、天どんに します。

④ エマ：鈴木さんという 名字は 日本で 一番 多いんですか。

鈴木：いいえ、鈴木は ＿＿＿＿＿＿＿＿ よ。

エマ：そうですか。

**II** Complete the sentences following the pattern of the example.

**e.g.** おもしろそうな 本だと 思って 読んでみましたが、読んでみたら 思っていたほど おもしろくなかったです。

① 楽しそうな ゲームだと 思って やってみましたが、＿＿＿＿＿＿＿＿

＿＿＿＿＿＿＿＿。

② おいしそうな おかしだと 思って 食べてみましたが、＿＿＿＿＿＿＿＿

＿＿＿＿＿＿＿＿。

③ 使いやすそうな どうぐだと 思って 使ってみましたが、＿＿＿＿＿＿＿＿

＿＿＿＿＿＿＿＿。

**VOCABULARY**

| | | | | | |
|---|---|---|---|---|---|
| てんどん | tempura bowl | みょうじ | surname | たかはし | Takahashi (surname) |
| かつどん | deep-fried pork cutlet with egg on a bowl of rice | ベスト3 | the best three | どうぐ | tool |
| | | ～い | number . . . | | |

## PRACTICE ③ ～ば ～ほど

Complete the sentences following the patterns of the examples by choosing the appropriate word from the box and changing it to the appropriate form. The words can be used only once.

**1.**

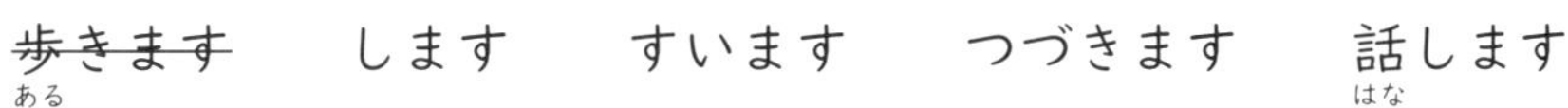


**e.g.** この アプリは 人気が あります。<u>歩けば 歩くほど</u> マイルが たまります。そして、マイルが たまると、カフェや コンビニで 使える クーポンを もらえるんです。

① ポイントカードは おとくです。買い物を ＿＿＿＿＿＿＿＿ ポイントが たまります。そして、その ポイントを つぎの 買い物で 使えるんです。

② この ロボットは かしこいです。人と ＿＿＿＿＿＿＿＿ ことばを おぼえます。そして、新しく おぼえた ことばも 使えるように なっていくんです。

③ たばこは けんこうに 悪いです。＿＿＿＿＿＿＿＿ 体を こわす リスクが 高く なります。

④ 今年は 雨が 少ないので、水不足が しんぱいです。雨の 降らない 日が ＿＿＿＿＿＿＿＿ のうぎょうや 生活に えいきょうが あります。

**2.**

| ~~高いです~~ | かんたんです | 多いです | 長いです | はやいです |
|---|---|---|---|---|

**e.g.** のうりょくが <u>高ければ 高いほど</u> いい きゅうりょうを もらえます。

① この 会社では、以前は つとめている 年数が ＿＿＿＿＿＿＿＿ きゅうりょうが 高く なりました。

② 料理は 初心者なので、作り方が ＿＿＿＿＿＿＿＿ たすかります。

③ ダンス教室に 通っています。きょくの テンポが ＿＿＿＿＿＿＿＿ 私は みんなの 動きから おくれてしまいます。

④ スピーチ大会に さんかします。会場に 人が ＿＿＿＿＿＿＿＿ きんちょうで どきどきします。

### VOCABULARY

| | |
|---|---|
| マイル | mile |
| ポイントカード | loyalty card, point card |
| 　ポイント | point |
| おとく(な) | good deal, bargain |
| かしこい | clever |
| つとめる (R2) | work for |
| ねんすう | number of years |
| ダンスきょうしつ | dance class |
| きんちょう | nervousness |
| どきどきする | heart is pounding |

## READING & SPEAKING　～ほど ～ない

### きたいはずれ　A Let-down

**I** Read the following passages. 028

① 人気(にんき)の 映画(えいが)を 見(み)ました。それは 小説(しょうせつ)を 映画(えいが)に した もので、私(わたし)は その オリジナルの 小説(しょうせつ)の 大(だい)ファンです。ですから、とても 楽(たの)しみに していましたが、映画(えいが)は 小説(しょうせつ)ほど おもしろくなかったです。小説(しょうせつ)の イメージと 大(おお)きく ちがったんです。がっかりしました。

② ひょうばんの アニメ映画(えいが)を 見(み)ました。子(こ)どもから 大人(おとな)まで 多(おお)くの 人(ひと)が 見(み)て かんどうしたと 聞(き)いていました。ですから、とても 楽(たの)しみに していましたが、聞(き)いていたほど かんどうしませんでした。ざんこくな たたかいの シーンが 多(おお)かったんです。がっかりしました。

**II** Refer to the illustrations and key words below to try to reproduce what you just read.

①

②

**III** Have you also experienced something that let you down? Use the template below and talk about it.

___What you saw / read___。___The reasons you chose that___。ですから、とても 楽(たの)しみに していましたが、______ほど ______。___The reasons why you could not enjoy___。がっかりしました。

**VOCABULARY**

| | | | | | |
|---|---|---|---|---|---|
| きたいはずれ | let-down | ひょうばんの | talked highly of | たたかい | fighting |
| ～と ちがう | different from . . . | おとな | adult | シーン | scene |
| オリジナル | original | ざんこく(な) | brutal | | |

## LISTENING CHALLENGE

029, 030

Listen to the audio and write T if the statement below is correct and F if it is incorrect.

**1.** ラジャさんと 友だちが 話しています。

① (　　) ラジャさんと お父さんと おにいさんの 中で ラジャさんが 一番 せが 高いです。

② (　　) お父さんは おにいさんほど せが 高くないです。

**2.** ラジャさんと 友だちが 話しています。

① (　　) ラジャさんは、自分は どうりょうほど 日本語が 上手じゃないと 思っています。

② (　　) ラジャさんは、学生時代より 今の 方が よく 勉強しています。

## READING CHALLENGE

**I** Read the passage and write T if the statement is correct and F if it is incorrect.

日本は アニメさんぎょうが さかんです。テレビや 映画で 見るだけではなく、それに かんれんする 仕事を したいと 思う 人が ふえています。たとえば、アニメーターや せいゆうは 人気の しょくぎょうです。また、ファンの 間では キャラクターの コスプレを して 写真を とったり することも 大変 人気です。話の ぶたいの モデルと なった ところを たずねる 人も 多いです。これを「せいちじゅんれい」と いいます。

アニメを きっかけに、日本語の 学習を 始める 人が ふえています。毎日 アニメを 見ていても、日本語の 勉強は 思ったほど やさしくないかもしれません。でも、多くの アニメファンが こう 言っています。「日本語の せりふが りかいできた ときの よろこびは 大きいです。」

VOCABULARY

| | | | | | |
|---|---|---|---|---|---|
| ～に かんれんする | related to . . . | モデル | model | | as a start |
| アニメーター | animator | たずねる (R2) | visit | がくしゅう | study |
| せいゆう | voice actor | せいちじゅんれい | pilgrimage | りかいする | understand |
| ぶたい | setting | ～を きっかけに | because of . . . , | よろこび | pleasure |

① (　　) アニメーターや せいゆうに なりたいと 思(おも)う 人(ひと)が ふえています。

② (　　) コスプレを して 写真(しゃしん)を とる ことを「せいちじゅんれい」と いいます。

③ (　　) アニメを 見(み)て 日本語(にほんご)の 勉強(べんきょう)を 始(はじ)めようと 思(おも)った 人(ひと)が ふえています。

④ (　　) アニメファンには 日本語(にほんご)の 勉強(べんきょう)は とても やさしいです。

⑤ (　　) アニメを 見(み)て日本語(にほんご)の せりふが わかる ことは、アニメファンの 大(おお)きな よろこびです。

## Ⅱ Read the passage and answer the questions.

津田梅子(つだうめこ)は、明治時代(めいじじだい)の 教育者(きょういくしゃ)です。かのじょは、明治(めいじ) 4年(ねん)（1871 年(ねん)）に 6さいでアメリカに りゅうがくし、アメリカで 11 年(ねん) すごしました。この ころ 日本(にほん)は ぶしの 時代(じだい)が 終(お)わり、近代化(きんだいか)を めざして 海外(かいがい)から いろいろな ことを 学(まな)んでいました。

帰国後(きこくご)は、女性(じょせい)の 教育(きょういく)、特(とく)に 英語教育(えいごきょういく)に 力(ちから)を 入(い)れ、その ための 学校(がっこう)を せつりつしました。

「何(なに)かを 始(はじ)めることは やさしいが、それを けいぞくする ことは むずかしい。」

これは かのじょが のこした ことばの 一(ひと)つです。

津田梅子(つだうめこ)は、2024 年(ねん) 発行(はっこう)の 5,000 円(えん)さつの デザインに えらばれました。

① 津田梅子(つだうめこ)は、いつ、どこに りゅうがくしましたか。

..................................................

② かのじょは どんな 学校(がっこう)を せつりつしましたか。

..................................................

③ かのじょは 何(なに)に えらばれましたか。

..................................................

### VOCABULARY

| | | | | | |
|---|---|---|---|---|---|
| つだ うめこ | Umeko Tsuda | この ころ | at this time | せつりつする | establish |
| めいじじだい | the Meiji era (1868-1912) | ぶし | samurai | けいぞくする | continue |
| めいじ | Meiji | きんだいか | modernization | のこす | leave |
| じだい | era | まなぶ | learn | はっこう | issue |
| きょういくしゃ | educator | きこく | return to one's country | 5,000 えんさつ | 5,000-yen bill |
| きょういく | education | ちからを いれる（R2） | put efforts into | さつ | bill |

## FURTHER PRACTICE 4

### READING

Read the passage and answer the questions.

#### 微妙な日本語

日本では友達や同僚と食事に行くとき、何を食べるかなかなか決まらないことがある。日本人は「私、何でもいいです」「ラーメンもいいかもしれない」「何かおいしいもの」など、あいまいな言い方をするからだ。

しかし、このあいまいな言葉にはいい面もある。もしみんなが最初から「中華にしましょう」「ピザがいい」と強く言ったら、一緒に入れる店がなくなってしまう。そこで、あいまいな表現を使って、みんなで少しずつ意見をまとめていくのだ。

何か決めるときに、なぜこのように時間をかけるのだろうか。それは、日本人はみんなが嫌な気持ちにならないように考えながら話を進めるからだ。友達は前の晩にうちでカレーを食べたかもしれない。それなのに、だれかが「今日はカレーにしましょう」と決めてしまったら、友達はカレーは食べたくないと言えなくなるだろう。

では、自分はカレーが食べたくないのに、カレーが提案されたときはどうすればいいのだろう。そういうときは、「カレー？ ちょっと微妙だなあ」と言えばいい。「微妙」という言葉は「一言では簡単に言えない」という意味だが、最近は「だめ」と言いたいときに使われることが多い。そこが日本語の微妙なところなのだ。

**VOCABULARY**

| | |
|---|---|
| びみょう(な) | subtle |
| なんか | something |
| あいまい(な) | vague, ambiguous |
| いいかたを する | say it in such a way |
| めん | aspect |
| ちゅうか | Chinese (food) |
| ひょうげん | expression |
| いけんを まとめる (R2) | form a consensus |
| このように | like this |
| じかんを かける (R2) | take time |
| はなしを すすめる | proceed with a discussion |
| すすめる (R2) | proceed |
| それなのに | but |
| それでは | then |
| そこ | that, that point |

## QUESTIONS

① あなたの国では友達や同僚と一緒に食事に行くとき、何を食べるかすぐに決まりますか。

..............................................................................................................................

..............................................................................................................................

..............................................................................................................................

② 嫌いなものや苦手なものをおいしいからぜひ食べろと言われたら、あなたはどうしますか。

..............................................................................................................................

..............................................................................................................................

..............................................................................................................................

## LISTENING

031

**I** Read the text below, then listen to the audio. Grasp the outline and choose the statements that are correct.

えいぎょう部の リンさんと 中村さんが 今日の 打ち上げについて 話を しています。

① 中村さんは、日本では 会社の 人と 食事に 行った とき、ふつう

(a) じょうしが 全員分を はらうと 言っています。

(b) かくじが 自分の 分を はらうと 言っています。

② リンさんは、中国では 会社の 人と 食事に 行った とき、ふつう

(a) じょうしが 全員分を はらうと 言っています。

(b) かくじが 自分の 分を はらうと 言っています。

**II** Now it's your turn to talk.

① あなたの 国では 会社の 人と 食事に 行った とき、ふつう だれが はらいますか。

② あなたは、じょうしが 全員分を はらうのと、かくじが 自分の 分を はらうのと、どちらが いいと 思いますか。

**VOCABULARY**

| | | | | | |
|---|---|---|---|---|---|
| リン | Lin (surname) | ふつう | normally | かくじ | each person |
| うちあげ | wrap-up party | ぜんいんぶん | everyone's | ぶん | share |

# LESSON 13 I Thought I'd Reserved a Seaside Room . . .

## PRACTICE ① ～はず

Complete the dialogues following the pattern of the example by choosing the appropriate word or phrase from the box and changing it to the appropriate form. The words and phrases can be used only once.

| | | |
|---|---|---|
| ~~入(い)れました~~ | だれも 知(し)りません | 入(はい)っています |
| この 近(ちか)くに あります | だれも いません | |

e.g. A：あれ？ スマホが ありません。たしかに かばんに 入(い)れた はずなんですが。

あ、ありました。やっぱり 入(はい)っていました。

B：よかったですね。

① A：ランチの 予約(よやく)を した レストラン、見(み)つかりませんね。この あたりでしょうか。

B：地図(ちず)アプリによると、＿＿＿＿＿＿＿＿＿＿なんですが。

② A：会議室(かいぎしつ)に だれか いる ようですね。

B：今日(きょう)は 会議(かいぎ)が ないので、＿＿＿＿＿＿＿＿＿＿ですが。

③ A：Bさん、来月(らいげつ) ホンコン支店(してん)に てんきんするそうですね。

B：え、だれに 聞(き)いたんですか。まだ だれにも 言(い)っていないので、＿＿＿＿＿＿＿＿＿＿ですが。

④ A：すみません、ホチキスは どこですか。

B：さっき 私(わたし)が 使(つか)って かたづけたので、あの つくえの いちばん 上(うえ)の 引(ひ)き出(だ)しに ＿＿＿＿＿＿＿＿＿＿ですよ。

A：あ、ありました。ありがとうございます。

VOCABULARY

| | | | |
|---|---|---|---|
| ちず | map | ホチキス | stapler |

## PRACTICE ② ～のに

Complete the sentences following the pattern of the example.

**e.g.** スタジアムでの イベントを 楽(たの)しみに していたのに、雨(あめ)で 中止(ちゅうし)に なりました。
(楽(たの)しみに していました)

① 父(ちち)に イヤホンを ……………………、すぐ なくしてしまいました。
(買(か)ってもらいました)

② 友(とも)だちと 3時(じ)に 会(あ)う ……………………、まだ 来(き)ません。
(やくそくを しました)

③ 朝(あさ)から 何(なに)も ……………………、全然(ぜんぜん) おなかが すきません。
(食(た)べていません)

④ ……………………、テニスに 行(い)くんですか。
(雨(あめ)です)

## PRACTICE ③ ～のに

Connect the sentences following the pattern of the example.

**e.g.** くすりを 飲(の)みました。ねつが 下(さ)がりません。

→ くすりを 飲(の)んだのに、ねつが 下(さ)がりません。

① 買(か)ったばかりの 新(あたら)しい パソコンです。調子(ちょうし)が 悪(わる)いです。

→ ……………………

② 毎日(まいにち) 勉強(べんきょう)しました。試験(しけん)に ごうかくできませんでした。

→ ……………………

③ この テレビは 高(たか)かったです。すぐに こしょうしてしまいました。

→ ……………………

④ 春(はる)です。さむいです。

→ ……………………

⑤ 週末(しゅうまつ)です。はたらかなければ なりません。

→ ……………………

VOCABULARY

| こしょうする | be broken |
|---|---|

## READING & SPEAKING　～のに

### がっかりしました　I Was Disappointed

**I** Read the following passages.　032

① きのうの 会議(かいぎ)で 初(はじ)めて 日本語(にほんご)で プレゼンを しました。２週間前(しゅうかんまえ)から 毎日(まいにち) 練習(れんしゅう)しました。リハーサルでは うまく できたのに、ほんばんでは たくさん 間違(まちが)えてしまったんです。がっかりしました。

② きのうは ライブの チケットの 発売日(はつばいび)でした。チケットを とるために パソコンと スマホと タブレットを ならべて じゅんびしていました。発売(はつばい)じこくに サイトの ボタンを おしたのに、なかなか サイトに つながらなくて、買(か)えなかったんです。がっかりしました。

**II** Refer to the illustrations and key words below to try to reproduce what you just read.

①

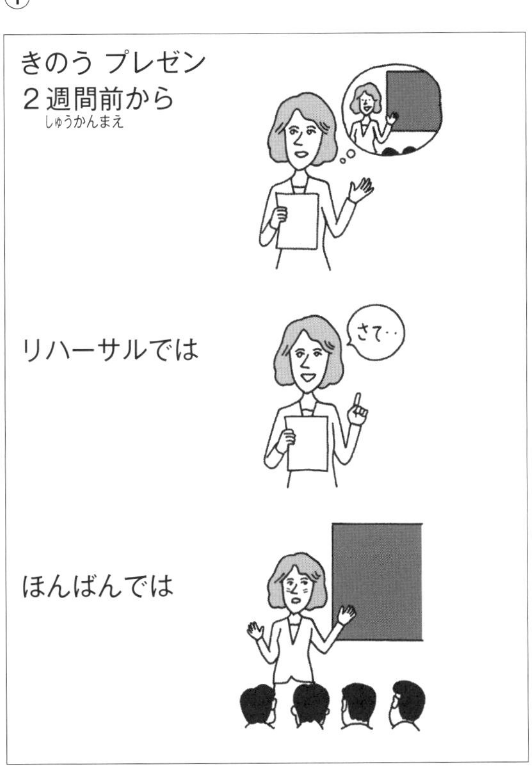


②

**III** Use the template below to describe your own experience with something that did not turn out as you would have liked.

_____Situation_____。__________のに、

_____what turned out to be so disappointing_____んです。がっかりしました。

**VOCABULARY**

| | | | | | |
|---|---|---|---|---|---|
| リハーサル | rehearsal | はつばいび | release date | じこく | time |
| ほんばん | the actual presentation | はつばいじこく | release time | | |

## LISTENING CHALLENGE

 033

Read the text below, then listen to the audio and fill in the blanks with what you hear.

加藤さんは 海の 近くに 古い べっそうが あります。週末に よく 家族と その べっそうに 行きます。べっそうの かぎは 加藤さんと おくさんしか 持っていません。今週 加藤さんの おくさんと お子さんは 京都を 旅行しています。加藤さんは スミスさんと 鈴木さんを さそって、その べっそうに 来ました。３人は べっそうの 前で 車から 降りました。

鈴木　：あれ？ 家の 中で 何かが 動いた！ だれか いる ようですよ。

加藤　：え！ ① ________________ よ。

スミス：くらくて よく 見えませんが、カーテンが 動いていますよ。だれか 来ているんじゃないですか。

加藤　：いいえ。② ________________ 。かぎを 持っているのは、私と つまだけですから。

鈴木　：じゃ、きっと おくさんですよ。

加藤　：いいえ、つまじゃありません。今 子どもと 京都を 旅行しているんです。変ですね。

スミス：おかしいですね。

鈴木　：ちょっと こわいですね。

(*The three of them enter the holiday home.*)

加藤　：だれも いませんね。

スミス：あ、ねずみ！

おかしいな。今週は だれも
来ない はずなんだけど。

VOCABULARY

| べっそう holiday home | ねずみ rat |

## READING CHALLENGE

Read the passage and write T if the statement below is correct and F if it is incorrect.
A posted something on a newspaper's consultation corner.

そうだん：

ルームメイトの ことで なやんでいます。二人で そうだんして キッチンは 使った 人が かたづける ことに きめたのに、ルームメイトは かたづけてくれないんです。私は 早く 寝たいから、10時以降は うるさくしないでほしいと 言っているのに、ルームメイトは 夜中まで チャットを しながら ゲームをしたり、ストリーミングサービスを 見ていたり するので こまっています。

Aより

回答：

あなたの 気持ちは よく わかります。いっしょに 住むと いろいろ むずかしい ことが あるだろうと 思います。でも、ちょっと ルームメイトの してんで 考えてみてください。仕事で つかれていると、かたづけようと 思っても かたづけられない ことも あります。早く 寝た 方が いいと わかっていても、寝る 前に 気分てんかんや リラックスを したい ことも あります。ルームメイトと もう 一度 よく 話を してみたら どうでしょうか。ルームメイトも Aさんに 何か 言いたい ことが あるかもしれませんよ。

① (　　) Aさんは ルームメイトの ことで なやんでいます。

② (　　) Aさんは ルームメイトと 夜中まで ゲームをします。

③ (　　) Aさんの ルームメイトは チャットを しながら ゲームをします。

④ (　　) Aさんは ルームメイトと ストリーミングサービスを 見ます。

⑤ (　　) 回答者は ルームメイトも Aさんに 言いたい ことが あるかもしれないと 思っています。

### VOCABULARY

| | |
|---|---|
| ルームメイト | roommate |
| なやむ | be troubled |
| チャット | chat |
| ストリーミングサービス | streaming service |
| かいとう | answer |
| してん | point of view |
| きぶんてんかん | take one's mind off things |
| かいとうしゃ | respondent |

# LESSON 14 I Was about to Turn a Corner When I Fell

## PRACTICE ① ～う／ようと する

Complete the sentences following the patterns of the examples.

**1.** e.g. 車(くるま)を 止(と)める

→ 車(くるま)を 止(と)めようと したとき、ちゅうしゃきんしの サインに 気(き)が つきました。

① レストランを 出(で)る

→ ＿＿＿＿＿＿＿＿＿＿、席(せき)に けいたいを わすれた ことに 気(き)が つきました。

② 料理(りょうり)を する

→ ＿＿＿＿＿＿＿＿＿＿、しおが ない ことに 気(き)が つきました。

③ 寝(ね)る

→ ＿＿＿＿＿＿＿＿＿＿、きんきゅうじしんそくほうが なりました。

④ 晩(ばん)ご飯(はん)を 食(た)べる

→ ＿＿＿＿＿＿＿＿＿＿、電話(でんわ)が かかってきました。

**2.** e.g. バスに のる

→ バスに のろうと しましたが、満員(まんいん)で のれませんでした。

① ドアの かぎを 開(あ)ける

→ ＿＿＿＿＿＿＿＿＿＿、かたくて 開(あ)けられませんでした。

② データを メールで おくる

→ ＿＿＿＿＿＿＿＿＿＿、おもくて おくれませんでした。

③ たなの 上(うえ)の 物(もの)を とる

→ ＿＿＿＿＿＿＿＿＿＿、手(て)が とどかなくて とれませんでした。

④ ３年前(ねんまえ)に 買(か)った 服(ふく)を 着(き)る

→ ＿＿＿＿＿＿＿＿＿＿、きつくて 着(き)られませんでした。

**VOCABULARY**

| | | |
|---|---|---|
| きんきゅうじしんそくほう | Earthquake Early Warning | |
| たな | shelf | |
| てが とどく | reach one's hand | |
| きつい | tight | |

## PRACTICE ② ～つもりだ

Complete the sentences following the pattern of the example.

e.g. 朝(あさ) 早(はや)く 起(お)きる つもりだったんですが、ねぼうしてしまいました。
(朝(あさ) 早(はや)く 起(お)きます)

① 会議(かいぎ)の 時間(じかん)が 変更(へんこう)に なった ことを ________________
________、つい わすれてしまいました。(加藤(かとう)さんに 知(し)らせます)

② この 仕事(しごと)は ________________、できませんでした。
(一人(ひとり)で やります)

③ 今日中(きょうじゅう)に ________________、時間(じかん)が なくて 書(か)けませんでした。(レポートを 書(か)きます)

④ もっと 早(はや)く ________________、いそがしくて できませんでした。(じゅんびします)

⑤ 休(やす)みを とりたいと ________________、言(い)えませんでした。
(部長(ぶちょう)に 話(はな)します)

⑥ ________________、電車(でんしゃ)に のりおくれてしまいました。
(早(はや)く 来(き)ます)

⑦ ________________、つい わすれてしまいました。
(うちに 帰(かえ)ったら、すぐ しゅくだいを やります)

## READING & SPEAKING　～つもりだ

### もう こりごり　Never Again!

**I** Read the following passages.　034

① この間(あいだ)、おっとと 有名(ゆうめい)な オペラを 見(み)に行(い)きました。オペラが 始(はじ)まって 30分(ぷん)すぎたら、おっとが いびきを かいて 寝(ね)てしまったんです。何度(なんど)も つついたのに、おっとは 起(お)きませんでした。まわりの 人(ひと)は 私(わたし)たちを つめたい 目(め)で 見(み)るし、本当(ほんとう)に はずかしかったです。今度(こんど)は オペラが 好(す)きな 友(とも)だちと 行(い)く つもりです。

② この間(あいだ)、友(とも)だちと 安(やす)くて おいしい いざかやに 行(い)って、おさけを 飲(の)みました。ビール、しょうちゅう、日本酒(にほんしゅ)を つぎつぎに 飲(の)んだら、よっぱらってしまいました。つぎの 日(ひ) ふつかよいで 会社(かいしゃ)を 休(やす)んでしまいました。もう 二度(にど)と いろいろな しゅるいの おさけを いっしょに 飲(の)まない つもりです。

**II** Refer to the illustrations and key words below to try to reproduce what you just read.

①

②

**III** Have you ever done something you resolved never to put yourself through again? Use the template below and talk about your experience.

この間(あいだ) ＿＿＿what happened then＿＿＿。＿＿＿Details＿＿＿

＿＿＿＿＿。＿＿＿Resolution you made as a result＿＿＿。

**VOCABULARY**

| | | | | | |
|---|---|---|---|---|---|
| こりごり | have enough | つつく | poke | にどと | never |
| いびきを かく | snore | つめたい めで みる | look coldly | | |

## LISTENING CHALLENGE

 035

Read the text below, then listen to the audio and fill in the blanks with what you hear.

日曜日(にちようび)に 加藤(かとう)さんの 家(いえ)で バーベキューパーティーを します。エマさんと 鈴木(すずき)さんと 中村(なかむら)さんが そうだんしています。

エマ：日曜日(にちようび)の バーベキューパーティーに 何(なに)を 持(も)っていきますか。

鈴木(すずき)：肉(にく)と 野菜(やさい)は 加藤(かとう)さんが 用意(ようい)すると 言(い)っていたので、ぼくは ①................................................................。

エマ：じゃ、私(わたし)は くだものを 持(も)っていきます。今(いま) さくらんぼが おいしい きせつなので、さくらんぼに しようかな。

中村(なかむら)：私(わたし)は おかしを 持(も)っていきます。土曜日(どようび)に クッキーを ②................................、少(すこ)し 多(おお)めに やいて 持(も)っていきますね。

エマ：楽(たの)しみですね。でも お天気(てんき)は だいじょうぶでしょうか。はれると いいんですが。

鈴木(すずき)：加藤(かとう)さんは 雨(あめ)が 降(ふ)った ときの ために、ガレージを ③................................................................。

エマ：それなら、安心(あんしん)ですね。

VOCABULARY

| | |
|---|---|
| さくらんぼ | cherry |
| おおめ | extra |

## READING CHALLENGE

Read the passage and answer the questions.
Smith wrote a blog post.

### タイミング 悪すぎ

今日は ついていなかった。

朝 ねぼうしたので 急いで うちを 出ようとした とき、急に 強い 雨が 降ってきた。コートを とりに 部屋に もどって、けっきょく ちこくした。

昼は 鈴木さんたちと 新しく できた レストランに 行った。料理を 食べようとした とき、取引先から けいたいに 電話が かかってきた。急な ようけんだったので、すぐ 取引先に むかった。けっきょく 料理は 食べられなかった。

コンサートに 行くので 6時に 会社を 出る つもりだった。会社を 出ようとした とき、部長に よばれて、出るのが 30分も おそくなってしまった。それで、コンサートに おくれて、聞きたかった きょくが 聞けなかった。

さんざんな 1日だった。

① スミスさんは いつ 雨が 降ってきたのに 気が つきましたか。

........................................

② いつ スミスさんの けいたいに 取引先から 電話が かかってきましたか。

........................................

③ スミスさんは いつ 部長に よばれましたか。

........................................

VOCABULARY

| | | | | | |
|---|---|---|---|---|---|
| タイミング | timing | でんわが かかる | receive a phone call | むかう | go, head |
| わるすぎ | very bad | ようけん | matter | | |

# Have the Samples Arrived?

## PRACTICE ① ～ていた

Following the pattern of the examples, complete the sentences from the information given and by using もう or まだ .

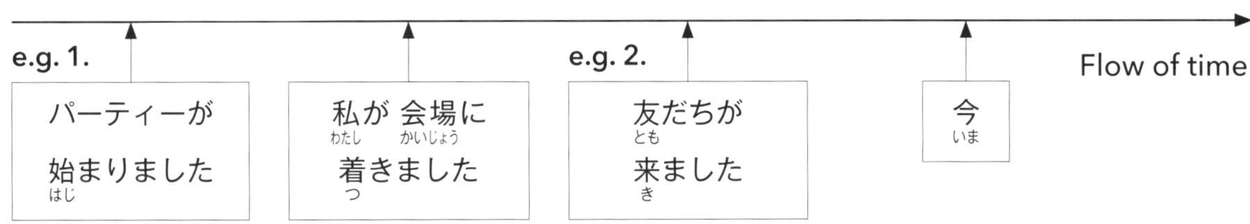


e.g. 1. 私(わたし)が 会場(かいじょう)に 着(つ)いた とき、パーティーは <u>もう 始(はじ)まっていました</u>。

e.g. 2. 私(わたし)が 会場(かいじょう)に 着(つ)いた とき、友(とも)だちは <u>まだ 来(き)ていませんでした</u>。

Flow of time

① 息子(むすこ)が じゅくから 帰(かえ)りました → 私(わたし)が うちに 帰(かえ)りました → ② おっとが スーパーから もどりました → 今(いま)

① 私(わたし)が うちに 帰(かえ)った とき、息子(むすこ)は ……………………。

② 私(わたし)が うちに 帰(かえ)った とき、おっとは ……………………。

Flow of time

③ 兄(あに)が 病院(びょういん)に 着(つ)きました → 私(わたし)が 病院(びょういん)に 着(つ)きました → ④ 母(はは)の しゅじゅつが 始(はじ)まりました → 今(いま)

③ 私(わたし)が 病院(びょういん)に 着(つ)いた とき、兄(あに)は ……………………。

④ 私(わたし)が 病院(びょういん)に 着(つ)いたとき、母(はは)の しゅじゅつは ……………………。

Flow of time

⑤ 新(あたら)しい ビルが できました → 私(わたし)が 町(まち)を たずねました → ⑥ ビルの 中(なか)の 店(みせ)が 開店(かいてん)しました → 今(いま)

⑤ 私(わたし)が 町(まち)を たずねた とき、新(あたら)しい ビルは ……………………。

⑥ 私(わたし)が 町(まち)を たずねた とき、ビルの 中(なか)の 店(みせ)は ……………………。

VOCABULARY

| じゅく | cram school | しゅじゅつ | operation | かいてんする | open |
|---|---|---|---|---|---|

## PRACTICE ② ～ところだ

Complete the dialogues following the pattern of the example.
A and B are talking.

e.g. A：もしもし。今どこですか。
B：駅です。電車を 降りた ところです。 （降りました）

① A：もしもし。今どこですか。
B：すみません。今うちを ＿＿＿＿＿＿＿＿。 （出ます）

② A：鈴木さん、来ませんね。電車が おくれているんでしょうか。
B：ちょうど今 鈴木さんに ＿＿＿＿＿＿＿＿。今駅に 着いたそうです。 （電話しました）

③ A：じこの げんいんは 何ですか。
B：今 けいさつが ＿＿＿＿＿＿＿＿。 （調べています）

④ A：アンケートの データが ほしいんですが。
B：今 メールで ＿＿＿＿＿＿＿＿。かくにんしてください。 （送りました）

## PRACTICE ③ ～ところだ

Complete the dialogues following the pattern of the example.
A is making a phone call to B.

A：今 お電話 よろしいでしょうか。
e.g. B：すみません。今から 出かける ところなんです。 （出かけます）

① B：すみません。今から ＿＿＿＿＿＿＿＿。 （会議が 始まります）

② B：すみません。今から ＿＿＿＿＿＿＿＿。 （しんかんせんに のります）

③ B：すみません。今から ＿＿＿＿＿＿＿＿。 （子どもと おふろに 入ります）

④ B：すみません。今から ＿＿＿＿＿＿＿＿。 （お客さんに 会います）

VOCABULARY

| | |
|---|---|
| けいさつ | police |
| おでんわ よろしいでしょうか。 | May I talk to you on the phone now? |

## PRACTICE ④ ～ている　～ところだ

Complete the dialogues following the pattern of the example and based on the information provided.

A and B are talking.

e.g. A：にもつは もう とどいていますか。　（とどきます）

B：いいえ、まだです。今(いま) たくはい便(びん)の 人(ひと)に 時間(じかん)を かくにんした ところです。

（時間(じかん)を かくにんしました）

A：そうですか。

① A：もうしこみ書(しょ)の 記入(きにゅう)は もう ______________ か。　（すみます）

B：すみません。______________。　（今(いま) 書(か)いています）

A：わかりました。

② A：部長(ぶちょう)は もう お客(きゃく)さんの ところに ______________ か。　（着(つ)きます）

B：いいえ。______________。（今(いま) オフィスを 出(で)ました）

A：えっ、そうなんですか。

③ A：スミスさんの プレゼンは もう ______________ か。　（始(はじ)まります）

B：いいえ、まだです。______________。

（これから 始(はじ)まります）

A：そうですか。

④ A：鈴木(すずき)さんは もう ______________ か。（オフィスに もどります）

B：はい。______________。　（さっき 帰(かえ)ってきました）

A：そうですか。

VOCABULARY

| | | | | | |
|---|---|---|---|---|---|
| もうしこみしょ | registration form | きにゅう | entry | すむ | finish |

## PRACTICE ⑤　～ところだ

Complete the sentences following the pattern of the example and by choosing the appropriate word from the box and changing it to the appropriate form. The words can be used only once.

有名(ゆうめい)な ロックミュージシャンの マイケル・タイガーが 今日(きょう) 日本(にほん)に 初(はじ)めて 来(き)ます。レポーターが 空港(くうこう)で カメラに むかって 話(はな)しています。

| ~~着(つ)きました~~ | 出(で)てきました | 開(あ)きました | 始(はじ)まります | 下(お)りています |
|---|---|---|---|---|

e.g. レポーター：マイケル・タイガーが のっている ひこうきが 今(いま) 空港(くうこう)に <u>着(つ)いた</u> ところです。

① レポーター：あ、今(いま) ひこうきの ドアが ................ ところです。

② レポーター：マイケル・タイガーが ................ ところです。

③ レポーター：手(て)を ふりながら、タラップを ................ ところです。

④ レポーター：これから インタビューが ................ ところです。

**VOCABULARY**

| | | | | | |
|---|---|---|---|---|---|
| ロックミュージシャン | rock musician | レポーター | reporter | タラップ | ramp |
| マイケル・タイガー | Michael Tiger (fictitious musician) | むかう | face | | |
| | | てをふる | wave one's hand | | |

## LISTENING CHALLENGE

036

Read the text below, then listen to the audio and fill in the blanks with what you hear.

エマさんは フランスに 帰(かえ)った とき、おいしい シャンパンを 買(か)ってきました。今日(きょう)は うちに 友(とも)だちを よんで、パーティーを します。中村(なかむら)さん、鈴木(すずき)さん、スミスさんも 招待(しょうたい)しました。ほかの 友(とも)だちは 来(き)ているのに、3人(にん)は まだ 来(き)ていません。

エマ：そろそろ 始(はじ)めましょうか。シャンパンを 開(あ)けますね。

(*Her cell phone rings.*)

エマ　：はい。あ、中村(なかむら)さん。今(いま) どこですか。

中村(なかむら)　：エマさん、今(いま) 駅(えき)に ① ________ です。すぐ 行(い)きます。

エマ　：中村(なかむら)さん、これから シャンパンを ② ________ なんですよ。待(ま)っていますから、急(いそ)いで 来(き)てください。

中村(なかむら)　：はい。

(*Emma's cell phone rings again.*)

エマ　：あ、鈴木(すずき)さん、スミスさんも いっしょですか。

鈴木(すずき)　：はい。おそくなって、すみません。今(いま) タクシーで ③ ________ です。もうすぐ 着(つ)きます。

エマ　：わかりました。気(き)を つけて。

(*After Nakamura, Smith and Suzuki arrive at Emma's house.*)

エマ　：じゃ、みんな そろったので、シャンパンを 開(あ)けましょうか。

(*Emma opens the champagne.*)

みんな：かんぱい！

## READING CHALLENGE

Read the passage and answer the questions.
Smith wrote a blog post.

### 新しい ラーメン屋

オフィスの 近くに 新しい ラーメン屋が できた。どうりょうたちの ひょうばんも いいので、火曜日の ランチタイムに 鈴木さんと 行ってみた。鈴木さんは 取引先の 会社から ちょくせつ 行くと 言っていたので、店の 前で 待ち合わせした。

待ち合わせの 時間より 少し 早く 行ったが、鈴木さんは もう 着いていた。店は もう 開店していたが、外に 5人ぐらい ならんでいた。店は せまいので、すぐ いっぱいに なってしまうようだ。やっと 中に 入って、二人で カウンター席に すわった。すぐに 注文したが、ラーメンは なかなか 来なかった。

店の 人が ぼくたちの 注文を わすれているのかもしれないと 思って、店の 人に「20分も 待っているのに、注文した ものが まだ 来ていないんですが…」と 言ったら、あやまって すぐ 持ってきた。ラーメンは おいしかったが、少し がっかりした。

① スミスさんは いつ 新しい ラーメン屋に 行きましたか。

② スミスさんと 鈴木さんと どちらが 早く 店に 着きましたか。

③ スミスさんは 店の どの 席に すわりましたか。

④ スミスさんが 注文した ものは すぐ 来ましたか。

**VOCABULARY**

| まちあわせする meet up | カウンターせき counter seat

FURTHER PRACTICE 5

## READING

Read the passage and answer the questions.

### もっと勉強したい

　ある新聞社がホームページで、「今から何かを勉強したいと思いますか」というアンケートを行った。結果は、75％もの人が「はい」と回答した。勉強したいことは、外国語、歴史、文学、楽器、プログラミング、ガーデニングなど、さまざまだった。理由を聞くと、「若いころ勉強したかったのにできなかったから」「興味を持てることが見つかったから」「仕事に役に立つスキルを身につけたいから」という答えもあったが、「純粋に楽しいから」という人が一番多かった。

　また、たくさんの人がすでに勉強を始めていた。48歳の女性は「子どもに教えようと思って化学のテキストを読んでみたら、本当におもしろかった。どうして昔はつまらないと思ったのか不思議です」とコメントした。ほかに、「会社を定年退職して、今、大学に入る準備をしているところです。来年の春には、きっと大学生になっていると思います。もしなれなくても、勉強はずっと続けていくつもりです」と書いた64歳の男性もいた。

　このアンケートでは、「人は何歳からでも学ぶことができる」と94％が答えた。実際に勉強を始める人は、これからますます増えていくだろう。

## QUESTIONS

① アンケートに答えた人の中で、何％の人が今から何かを勉強したいと言っていますか。

................................................................................

#### VOCABULARY

| | | | | | |
|---|---|---|---|---|---|
| ある～ | a . . . , a certain | スキル | skill | ほかに | other |
| しんぶんしゃ | newspaper company | こたえ | answer | ていねんたいしょくする | retire from a company |
| かいとうする | answer | じゅんすい(な) | pure | だんせい | man |
| がいこくご | foreign language | すでに | already | なんさいからでも | from any age |
| プログラミング | programming | かがく | chemistry | じっさいに | actually |
| ガーデニング | gardening | コメントする | comment | | |

② その人たちは、何を勉強したいと言っていますか。

③ 勉強したい理由について、何と答えている人が一番多かったですか。

④ あなたは今、何か勉強したいことがありますか。

⑤ どうしてそれを勉強したいと思っていますか。

## LISTENING

 037

**I** Read the text below, then listen to the audio. Grasp the outline and choose the appropriate word(s) from the parentheses.

月曜日の 朝、エマさんと 鈴木さんと チャンさんが 話しています。

① エマさんは クリスマスマーケットで スミスさんに（ 会った ・ 会わなかった ）。

② ゴスペルの ライブが 始まったのは エマさんが こうえんに（ 着く 前 ・ 着いてから ）です。

③ エマさんは クリスマスマーケットで（ 買い物を した ・ ワインを 飲みながら 食事を した ）。

④ 鈴木さんは 土曜日に クリスマスマーケットに（ 行った ・ 行かなかった ）。

⑤ 月曜日の 朝 エマさんは 会社で チャンさんと 鈴木さんに おみやげを（ わたした ・ わたさなかった ）。

**II** Answer the following questions.

① エマさんは クリスマスマーケットに 行って、どんな ことを しましたか。

② エマさんは クリスマスに 何を しようと 思っていますか。

**III** Now it's your turn to talk.

① あなたの 国 または 家族の いちばん 大きな イベントは 何ですか。

② その イベントの とき、あなたは どんな ことを しますか。いちばん 楽しかった 思い出は 何ですか。

**VOCABULARY**

| クリスマスマーケット | Christmas market | ゴスペル | gospel | または | or |
|---|---|---|---|---|---|

# LESSON 16 I Want to Let Him Continue Soccer

## PRACTICE ① Causative form

Write the causative forms in hiragana following the pattern of the example.

e.g. かく → かかせる

① はなす → ............
② まつ → ............
③ えらぶ → ............
④ のむ → ............
⑤ こまる → ............
⑥ てつだう → ............
⑦ やめる → ............
⑧ みる → ............
⑨ する → ............
⑩ もってくる → ............

## PRACTICE ② Causative structure

Complete the sentences following the pattern of the example.

e.g. at the office

すみません。1時間(じかん)ぐらい この プロジェクターを 使(つか)わせてください。 (使(つか)う)

① at a client's reception

少(すこ)し ここで ............。 (待(ま)つ)

② when carrying a large parcel

すみません。しばらく ここに ............。 (おく)

③ when given a souvenir from Okinawa at the office

沖縄(おきなわ)に 行(い)ったんですか。今度(こんど) ゆっくり 話(はなし)を ............。 (聞(き)く)

④ after a dinner with a business client

ここは 私(わたし)に ............。 (はらう)

⑤ at karaoke

つぎは 私(わたし)に ............。 (歌(うた)う)

VOCABULARY

| しばらく a while | ゆっくり unhurriedly |

## PRACTICE ③ Causative-passive form

Write the causative-passive forms in hiragana following the pattern of the example.

e.g. かく → かかされる

① もつ → ……………

② かえる (return) → ……………

③ みる → ……………

④ たべる → ……………

⑤ しんぱいする → ……………

⑥ もってくる → ……………

## PRACTICE ④ Causative-passive structure

Complete the sentences following the pattern of the example.

e.g.

①

②

③

④

e.g. 病気(びょうき)の 子(こ)どもは お母(かあ)さんに にがい くすりを <u>飲(の)まされました</u>。 (飲(の)んだ)

① 鈴木(すずき)さんは かのじょとの デートで 1時間(じかん)も ……………。 (待(ま)った)

② 父(ちち)は 妹(いもうと)の たんじょう日(び)に 高(たか)い バッグを ……………。 (買(か)った)

③ はんせん映画(えいが)を 見(み)て、へいわについて ……………。 (考(かんが)えた)

④ オリンピックせんしゅの パフォーマンスの すごさに ……………。

(おどろいた)

VOCABULARY

| はんせんえいが | anti-war movie | すごさ | greatness |
|---|---|---|---|

## PRACTICE ⑤ Causative structure

Complete the passage following the pattern of the example and based on the information provided.

子どもに 手伝わせている 家事ランキング

| | Ranking | 家事 |
|---|---|---|
| e.g. | 1 | せんたく物を たたむ |
| ① | 2 | 部屋を かたづける |
| ② | 3 | ごみを 出す |
| ③ | 4 | おふろの そうじを する |
| ④ | 5 | おさらを あらう |
| ⑤ | 6 | 料理を する |

上の リストは 2021 年に じっしした「子どもに 手伝わせている 家事」の アンケートの けっかです。いちばん 多かったのは、**e.g.**「せんたく物を たたませる」でした。それに①「..................」が つづきました。3 ばん目に 多かったのは②「..................」、4 ばん目に 多かったのは③「..................」、5 ばん目に 多かったのは④「..................」でした。しっぱいが 少なく、かんたんに できる 家事が じょういに なり、親が 子どもに じしんを つけさせたいと 思っている ことが わかります。一方、6 ばん目に 多かった⑤「..................」は ほうちょうを 使ったり 火を 使ったり して、むずかしい てんは あります。ですが、上手に できた ときに ほめて あげれば、家事の 楽しさを 教える ことが できます。子どもが できそうな 手伝いや「やってみたい」と 言っている 手伝いを させながら、子どもの せいちょうを サポートする ことが 大切です。

### VOCABULARY

| | |
|---|---|
| せんたくもの | washing |
| ごみを だす | put out the garbage |
| じっしする | conduct |
| つづく | follow |
| ～ばんめに | -st, -nd, -rd, -th |
| ばんめ | number |
| じしんを つける (R2) | gain confidence |
| じしん | confidence |
| いっぽう | on the other hand |
| ほうちょう | knife |
| てん | point, respect |
| せいちょう | growth |
| サポートする | support |

## READING & SPEAKING　Causative structure

### ロボットにさせたいこと What I Would Like to Make a Robot Do

**I** Read the following passages.  038

① もし うちに ロボットが いたら、私は そうじを させたいです。今 ゆかを そうじするロボットは あるんですが、まどを ふいたり おふろを あらったり する ロボットは ありません。いつの 日か ロボットに まどを ふかせたり、おふろを あらわせたり して、もっと 楽を したいです。

② もし うちに ロボットが いたら、私は 犬の 世話を させたいです。へいじつは ざんぎょうで 帰る 時間が おそいので、犬が さびしいだろうと しんぱいしています。いつの 日か ロボットに 犬と あそばせたり、犬に えさを やらせたり して、へいじつも 犬が 楽しく すごせる ように したいです。

**II** Refer to the illustrations and key words below to try to reproduce what you just read.

①

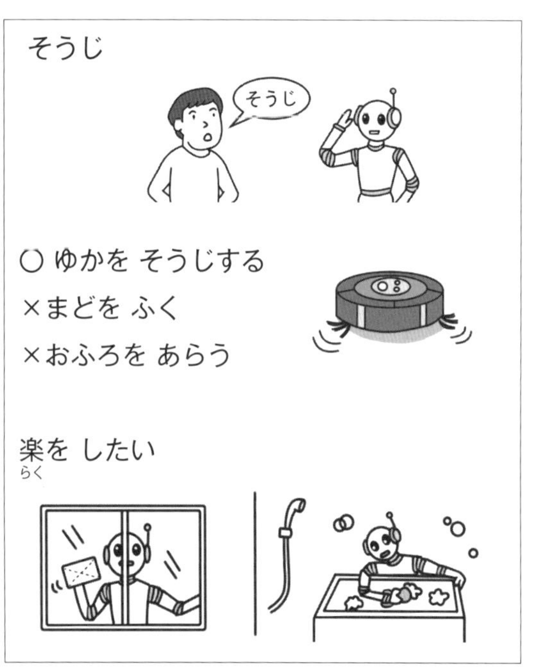


②

**III** If you had a robot at home, what would you want it to do? Use the template below and talk about what you want it to do.

もし うちに ロボットが いたら ＿＿＿what you want it to do＿＿＿。

＿＿＿The situation troubling you＿＿＿。いつの 日か ロボットに ＿＿＿

＿＿＿examples of what you want to have done and what you want realized＿＿＿。

**VOCABULARY**

| いつの ひか　some day | らくを する　have things easy |

## LISTENING CHALLENGE

 039

Read the text below, then listen to the audio and fill in the blanks with what you hear.

ABC フーズは これから たまごと にゅうせいひんを 使(つか)わない ビーガンクッキーを 開発(かいはつ)します。加藤(かとう)さんは 商品開発部(しょうひんかいはつぶ)の 人(ひと)を あつめて、ビーガンクッキーの 開発(かいはつ)プロジェクトについて 説明(せつめい)します。

加藤(かとう)　：先日(せんじつ) 佐々木(ささき)さんと 話(はな)し合(あ)ったんですが、ビーガンクッキーの 開発(かいはつ)プロジェクトを 始(はじ)めたいと 思(おも)っています。みなさんの 中(なか)で たんとうしたい 人(ひと)は いませんか。

エマ　：私(わたし)に①__________________。ビーガンの 友(とも)だちも います。

加藤(かとう)　：そうですか。わかりました。ほかに いませんか。

鈴木(すずき)　：私(わたし)も②__________________。新(あたら)しい プロジェクトに 参加(さんか)したいと 思(おも)っていました。

加藤(かとう)　：二人(ふたり)が 参加(さんか)する 場合(ばあい)、ほかの 仕事(しごと)への えいきょうは ありませんか。

スミス：みんなで きょうりょくを したいと 思(おも)います。

加藤(かとう)　：では、二人(ふたり)に おねがいしましょう。

エマ　：わかりました。鈴木(すずき)さん、がんばりましょう。

鈴木(すずき)　：ええ、そうですね。

加藤(かとう)　：それでは、早(はや)めに プロジェクトの きかく書(しょ)を 作(つく)ってもらえますか。

鈴木(すずき)　：はい。あのう、工場(こうじょう)の 人(ひと)たちの 意見(いけん)も 聞(き)きたいので、③____________________________。

加藤(かとう)　：わかりました。

エマ　：それでしたら、私(わたし)も いっしょに④__________________。

加藤(かとう)　：はい。では、工場(こうじょう)に れんらくを しておきます。

**VOCABULARY**

| | | | | | |
|---|---|---|---|---|---|
| にゅうせいひん | dairy product | ビーガン | vegan | きかくしょ | proposal |
| ビーガンクッキー | vegan cookie | きょうりょくを する | cooperate | それでしたら | if that's the case |

## READING CHALLENGE

Read the passage, and write T if the statement below is correct and F if it is incorrect.

あたまが よさそうな 犬。やさしそうな 犬。しずかな 犬。人によって もうどう犬の いんしょうは いろいろだと 思いますが、もうどう犬に なる ためには きびしい トレーニングが あります。トレーナーは トレーニング中の もうどう犬に どんな ことを させているのでしょうか。

・もうどう犬が あそびたい 様子を 見せても、あそばせない。
・もうどう犬が ほかの 人に 食べ物を もらっても、食べさせない。
・歩く ときは トレーナーの 左側を 歩かせる。
・こうさてんの 手前で かならず もうどう犬を 止まらせる。
・こうさてんを わたっても いいか どうか もうどう犬に はんだんさせる。

こうさてんを わたっても いいか どうか はんだんさせるのは 大変です。トレーナーが「Go！」の サインを 出しても、車が 走ってきたら、もうどう犬は こうさてんを わたっては いけません。それに、犬は しんごうの いろが わからないので、しんごうの いろで いつ わたったら いいか はんだんする ことが できません。

では、どうやって この むずかしい トレーニングを 犬に させているのでしょうか。トレーナーは もうどう犬に 近くの 人を よく かんさつさせるのだそうです。そして、近くの 人が 歩いたら 歩かせて、待っていたら 待たせるのだそうです。

ですから、もし こうさてんで しんごうを 待っている もうどう犬が いたら、しんごうが 赤の とき わたらないでください。もうどう犬が あなたを かんさつしています。

① (　　) もうどう犬は 好きな ときに あそぶ ことが できない。

② (　　) もうどう犬は トレーナーの 右側を 歩く トーレーニングを する。

③ (　　) もうどう犬は しんごうを 見て こうさてんを わたっても いいか どうか はんだんする ことが できない。

④ (　　) もうどう犬は こうさてんで 人を かんさつしている。

### VOCABULARY

| | | | | | |
|---|---|---|---|---|---|
| ～に よって | depending on . . . | トレーナー | trainer | サインを だす | show a sign |
| もうどうけん | seeing-eye dog | はんだんする | judge | | |

## PRACTICE ① ～のに

Complete the sentences following the pattern of the example.

e.g. たいおんけいは たいおんを はかるのに 使(つか)います。　（たいおんを はかります）

① この 書類(しょるい)は ________________ ひつようです。
（パスポートを 取(と)ります）

② この アパートは 駅(えき)から 近(ちか)いので、________________ 便利(べんり)です。
（会社(かいしゃ)に 通(かよ)います）

③ この アプリは ________________ 役(やく)に立(た)ちます。
（外国語(がいこくご)を 勉強(べんきょう)します）

④ この ファイルは ________________ 時間(じかん)が かかります。　（開(ひら)きます）

⑤ この パソコンは ________________ 15,000円(えん) かかります。
（しゅうりします）

## PRACTICE ② ～てほしい

Complete the dialogues following the patterns of the examples by choosing the appropriate word from the box and changing it to the appropriate form. The words can be used only once.

1.

| ~~書(か)きます~~ | がんばります | かたづけます |
|---|---|---|

e.g. A：この 説明(せつめい)、ちょっと わかりにくいですね。
B：ええ、もう 少(すこ)し わかりやすく 書(か)いてほしいですね。

① A：ラジャさんが 来月(らいげつ)の 会議(かいぎ)で 初(はじ)めて プレゼンを するそうですよ。
B：ええ、________________ ですね。

② A：入口(いりぐち)の 近(ちか)くに にもつが おいてあって、こまりますね。
B：ええ、すぐに ________________ ですね。

VOCABULARY

| たいおんけい | thermometer | たいおん | body temperature | はかる | measure |
|---|---|---|---|---|---|

**2.**

| ~~むりしません~~ | あきらめません | わすれません |
|---|---|---|

e.g. A：部長(ぶちょう)は 最近(さいきん) ざんぎょうが 多(おお)いですね。

B：ええ、あまり むりしないでほしいですね。

① A：Cさんは 来月(らいげつ) 国(くに)に 帰(かえ)るそうですよ。

B：そうですか。国(くに)に 帰(かえ)っても、日本語(にほんご)を ………………………… ですね。

② A：Dさんは べんごしの 試験(しけん)に また ふごうかくだったそうですよ。

B：大変(たいへん)でしょうけど、………………………… ですね。

## PRACTICE ③ ～がる

Complete the sentences following the pattern of the example by choosing the appropriate word from the box and changing it to the appropriate form. The words can be used only once.

| ~~こわい~~ | さびしい | くやしい | ほしい | いや |
|---|---|---|---|---|

e.g. 最近(さいきん) じしんが 多(おお)いので、つまは こわがっています。

① 息子(むすこ)は 学校(がっこう)に 行(い)くのを ………………………… 。

② 娘(むすめ)は サッカーの 試合(しあい)に まけて ………………………… 。

③ 小学校(しょうがっこう)の 友(とも)だちが 転校(てんこう)してしまって、うちの 子(こ)は ………………………… 。

④ うちの 犬(いぬ)は いつも おやつを ………………………… 。

VOCABULARY

| ふごうかく | failure | てんこうする | change school |
|---|---|---|---|

## LISTENING CHALLENGE

 040

Read the text below, then listen to the audio and fill in the blanks with what you hear.

ラジオばんぐみで インタビュアーが 山崎フミさんに インタビューを します。

インタビュアー：今日は 92 さいの 山崎フミさんに お話を 聞きたいと 思います。山崎さん、よろしく おねがいします。

山崎　：よろしく おねがいします。

インタビュアー：山崎さんは この 町に 長く 住んでいるそうですね。

山崎　：はい、けっこんしてから 70 年以上 住んでいます。むかしは 自然が 多くて いい 町でしたが、最近は みどりが へってきました。これ以上 みどりを ①＿＿＿＿＿＿＿＿ですね。

インタビュアー：そうなんですか。だいぶ 変わってしまったんですね。

山崎　：はい。でも、この 町が 好きなので、ずっと 住んでいたいです。

インタビュアー：そうですか。この 町に ②＿＿＿＿＿＿＿＿ことは 何か ありますか。

山崎　：そうですね…。私たちの ような こうれいしゃでも 行く ことが できる ゲームセンターを ③＿＿＿＿＿＿＿＿ですね。

インタビュアー：ゲームセンターですか。

山崎　：ええ。インターネットで ゲームを しながら 楽しく 運動が できると 聞きました。それから わかい 人と もっと 話を したいので、コミュニティの カフェを ④＿＿＿＿＿＿＿＿ですね。わかい 人たちの 考え方を 聞く きかいが もっと ほしいです。

インタビュアー：それは いい アイデアですね。今日は 山崎フミさんに お話を 聞きました。どうも ありがとうございました。

VOCABULARY

| | | | | | |
|---|---|---|---|---|---|
| ばんぐみ | program | (お)はなし | talk | こうれいしゃ | the elderly |
| やまざきふみ | Fumi Yamazaki | これいじょう | any more | ゲームセンター | amusement arcade |
| インタビューを する | interview | まち | town government | コミュニティ | community |

## READING CHALLENGE

Read the passage, and write T if the statement below is correct and F if it is incorrect.

### むじんとうに 何(なに)を 持(も)っていきますか

あなたは むじんとうに 何(なに)を 持(も)っていきますか。げんじつてきな 回答(かいとう)は、ナイフ、火(ひ)を おこすもの、水(みず)などが あげられますが、自由(じゆう)な 回答(かいとう)では、スマホのほかに、物(もの)ではなく 夫(おっと)・つま・こいびとに いっしょに 行(い)ってほしいという 答(こた)えが 少(すく)なくないそうです。

この 質問(しつもん)は、初(はじ)めて 会(あ)った 人(ひと)たちが コミュニケーションを とりやすい ふんいきを つくるために 使(つか)われる ことが 多(おお)い ようです。正(ただ)しい 答(こた)えは 一(ひと)つじゃありません。しゅうしょくの めんせつで 聞(き)かれることも あるそうです。そのときは、変(か)わった 質問(しつもん)に どのように たいおうするのか 見(み)られているそうです。新入社員(しんにゅうしゃいん)けんしゅうでも、グループの メンバーの 意見(いけん)を 聞(き)いて おたがいを 知(し)り、一(ひと)つの 意見(いけん)に まとめるのに 使(つか)われたりします。もしかしたら、これから しゅうしょく活動(かつどう)を する 人(ひと)は、ふだんから むじんとうに 何(なに)を 持(も)っていくか 考(かんが)えておいた 方(ほう)が いいかもしれません。

① (　　) むじんとうに 行(い)く とき、ナイフを 持(も)っていかなければ なりません。

② (　　) むじんとうに 行(い)く とき、スマホを 持(も)っていかなければ なりません。

③ (　　) しゅうしょくの めんせつで むじんとうに 何(なに)を 持(も)っていくか 聞(き)かれる ことが あります。

④ (　　) 新入社員(しんにゅうしゃいん)けんしゅうで むじんとうに 何(なに)を 持(も)っていくか 聞(き)かれる ことが あります。

⑤ (　　) 新入社員(しんにゅうしゃいん)けんしゅうで むじんとうに 行(い)かなければ なりません。

### VOCABULARY

| | |
|---|---|
| むじんとう | deserted island |
| げんじつてき(な) | practical |
| ナイフ | knife |
| ひを おこす | make fire |
| あげる (R2) | take up |
| じゆう(な) | free |
| ～のほかに | other than . . . |
| ～ではなく | not . . . but |
| こいびと | lover |
| コミュニケーションを とる | communicate |
| しゅうしょく | finding employment |
| かわった | unusual |
| たいおうする | respond |
| グループ | group |
| まとめる (R2) | put together |
| もしかしたら | it might be |
| しゅうしょくかつどう | job hunting |
| ふだんから | usually |

## PRACTICE ① ～ことに する

Complete the dialogues following the patterns of the examples.

**1.**

A：夏休みは どう するんですか。

e.g. B：<u>国に 帰る ことに しました。</u> （国に 帰ります）

① B：…………………… （うちで ゆっくり 休みます）

② B：…………………… （日本語の 集中こうざを 受けます）

③ B：…………………… （アメリカで ホームステイします）

④ B：…………………… （子どもと キャンプに 行きます）

**2.**

e.g. A：会社を やめると 聞きましたが…。

B：いろいろ 考えましたが、<u>やめない ことに しました。</u> （やめません）

① A：りこんすると 聞きましたが…。

B：いろいろ 考えましたが、……………………。 （りこんしません）

② A：会社の 近くに 引っこすそうですね。

B：いろいろ 考えましたが、……………………。 （引っこしません）

③ A：アメリカの 大学に りゅうがくするそうですね。

B：いろいろ 考えましたが、……………………。 （りゅうがくしません）

④ A：庭の 木を 切る ことに 決めたんですか。

B：いろいろ 考えましたが、……………………。 （切りません）

VOCABULARY

しゅうちゅうこうざ　intensive course

## PRACTICE ② ～ことに なる

Complete the dialogues and sentences following the patterns of the examples.

**1.**

A：会議で 何が 決まりましたか。

e.g. B：会社が いてんする ことに なりました。（いてんします）

① B：社員の きゅうりょうを ______________________。（上げます）

② B：ホンコンに 支店を ______________________。（出します）

③ B：夜 8時 以降 オフィスに ______________________。

（のこっては いけません）

④ B：有休の にっすうを ______________________。（ふやします）

**2.**

A：こちらは どなたですか。

e.g. B：今度 えいぎょう部で はたらく ことに なった 佐藤さんです。（はたらきます）

① B：仕事を ______________________ 木村さんです。

（手伝ってくれます）

② B：ニューヨークに ______________________ 大川さんです。

（てんきんします）

③ B：商品開発部で ______________________ 新井さんです。（仕事をします）

④ B：今度 うちの 会社に ______________________ 山下さんです。（入ります）

**3.**

e.g. すみません。ここでは にもつの けんさを する ことに なっているんですが。

（けんさを します）

① すみません。ここは くつを ぬいで ______________________。

（入ります）

② すみません。ここでは たばこを ______________________。

（すっては いけません）

③ すみません。作品に ______________________。

（さわっては いけません）

VOCABULARY

| | | | | | |
|---|---|---|---|---|---|
| だす | open | にっすう | number of days | あらい | Arai (surname) |
| のこる | stay | きむら | Kimura (surname) | | |

## PRACTICE ③ ～わけだ

Complete the dialogues following the pattern of the example.

e.g. A：青木(あおき)さんは 中国(ちゅうごく)の 大学(だいがく)に りゅうがくしていたそうですよ。

B：そうですか。<u>中国語(ちゅうごくご)が 上手(じょうず)な わけですね。</u> （中国語(ちゅうごくご)が 上手(じょうず)です）

① A：石井(いしい)さんは 最近(さいきん) けっこんしたそうですよ。

B：そうですか。………………………………。（しあわせそうです）

② A：佐藤(さとう)さんは 毎日(まいにち) おそくまで はたらいているそうですよ。

B：そうですか。………………………………。（つかれています）

③ A：今(いま)の きおんは れいか３度(ど)だそうですよ。

B：そうですか。………………………………。（さむいです）

④ A：鈴木(すずき)さんは のどが いたくて 話(はな)せないそうですよ。

B：そうですか。………………………………。（今日(きょう)は しずかです）

⑤ A：今夜(こんや) 近(ちか)くで 花火大会(はなびたいかい)が あるそうですよ。

B：そうですか。………………………………。（人(ひと)が 多(おお)いです）

⑥ A：この夏(なつ)は かんばつで のうさくぶつの ひがいが 大(おお)きかったそうですよ。

B：そうですか。………………………………。

（野菜(やさい)の ねだんが 高(たか)いです）

**VOCABULARY**

| | |
|---|---|
| あおき | Aoki (surname) |
| いしい | Ishii (surname) |
| れいか | below zero |
| こんや | tonight |

## LISTENING CHALLENGE

041

Read the text below, then listen to the audio and fill in the blanks with what you hear.

鈴木(すずき)さんと 中村(なかむら)さんが ABC パッケージの 松田(まつだ)さんに ついて 話(はな)しています。

鈴木(すずき)：ABC パッケージの 松田(まつだ)さんが 会社(かいしゃ)を やめると 聞(き)きましたが。

中村(なかむら)：ええ、３月(がつ)で①＿＿＿＿＿＿＿＿＿＿。

鈴木(すずき)：それで、これから どう するんでしょうか。

中村(なかむら)：デザイン関係(かんけい)の 仕事(しごと)を 友(とも)だちと 始(はじ)めるそうです。

(*Matsuda came to greet Sasaki.*)

松田(まつだ)　：いろいろ お世話(せわ)に なりました。３月で②＿＿＿＿＿＿＿＿＿＿＿＿＿＿。

佐々木(ささき)：おつかれさまでした。デザイン関係(かんけい)の 仕事(しごと)を 始(はじ)めるそうですね。わかい ときに いろいろ やってみるのは いい ことですね。

松田(まつだ)　：ありがとうございます。とりあえず じたくの 近(ちか)くに じむしょを③＿＿＿＿＿＿＿＿＿＿。自分(じぶん)の 会社(かいしゃ)を 持(も)つのが ゆめだったんです。

佐々木(ささき)：そうですか。うちの 会社(かいしゃ)も 何(なに)か 力(ちから)に なれるかもしれません。できる ことが あれば 言(い)ってください。

松田(まつだ)　：ありがとうございます。よろしく おねがいします。

VOCABULARY

| | | | | | |
|---|---|---|---|---|---|
| まつだ | Matsuda (surname) | とりあえず | for the time being | ちからに なる | be of help |
| デザインかんけい | design-related | じたく | one's home | | |

## READING CHALLENGE

Read the passage, and write T if the statement below is correct and F if it is incorrect.

「午前」「午後」と 言う わけ

東洋には 古くから 「年」を 動物で あらわす しゅうかんが あります。「私は ねずみ年に 生まれた」とか「来年は うま年だ」などと 言います。「ね、うし、とら、う、たつ、み、うま、ひつじ、さる、とり、いぬ、い」の 12の 動物に あてはめます。

「年」の ほか、むかしは 「時間」や 「ほうがく」を あらわすのにも 動物が 使われていました。24時間を 12に 分けると、ひとくぎりが 2時間に なります。午後 11時から 午前 1時までが 「ね」の こくで、じゅんに あてはめて いくと、午前 11時から 午後 1時までは 「うま」の こくに なります。

「うま」の 漢字は 「馬」ではなく 「午」の 字を 使います。「午」の こくの 真ん中、つまり 12時を 正午と 言います。そして、「午」の こくより 前は 午前、「午」の こくより 後は 午後と 言うわけです。

① (　　) 東洋では 「年」を 10の 動物で あらわす しゅうかんが あります。

② (　　) 動物は 「時間」を あらわすのにも 使われていました。

③ (　　)「うま」の こくは 午後 11時から 午前 1時までを あらわしています。

### VOCABULARY

| | | | | | |
|---|---|---|---|---|---|
| とうよう | the East | う（うさぎ） | rabbit | わける（R2） | divide |
| ふるくから | from the old days | たつ | dragon | ひとくぎり | segment |
| あらわす | describe | み（へび） | snake | こく | hour |
| ねずみどし | year of the rat | ひつじ | sheep | じゅんに | in order |
| うまどし | year of the horse | さる | monkey | まんなか | middle |
| ね（ねずみ） | rat | い（いのしし） | boar | しょうご | noon |
| うし | ox | あてはめる（R2） | fit | | |
| とら | tiger | ほうがく | direction | | |

FURTHER PRACTICE 6

## READING

Read the passage and answer the questions.

### 天才の育て方

将棋は日本の伝統的なボードゲームの一つで、全国で500万人以上がゲームを楽しんでいると言われている。その将棋の世界に、新しいスターが誕生した。2016年に史上最年少の14歳でプロになった藤井聡太さんだ。そのとき藤井さんがまだ中学生だったことや、プロになってから29回勝ち続けたことことで、将棋ファンだけでなく日本中の人々が驚き、拍手を送った。たくさんの最年少記録が作られ、天才と呼ばれた。藤井さんが試合のときに食べたお菓子や、藤井さんのサイン入りの扇子が飛ぶように売れたりして、藤井聡太ブームが巻き起こった。

では、この将棋の天才はどうやって生まれたのだろうか。藤井さんのお母さんによると、一番大切にしたことは、子どもに好きなことをやらせて、親は何も言わずに見守ることだったそうだ。藤井さんは好きなことに夢中になると、毎日何時間もやり続け、ほかのことに注意を向けなかった。何かをなくしたり、忘れ物をすることも多かったが、お母さんは何も言わなかった。将棋に負けるとくやしがって、激しく泣き続けたが、お母さんはそばで何も言わずに泣かせておいた。学校の勉強では山や川の名前ばかり熱心に覚えたが、お母さんはもっとバランスよく勉強しなさいとは言わなかった。

藤井家の教育方針は、一言で言うと、「子どもを信じる」ということだろう。とてもシンプルで、誰にでもできそうだ。だが、実はそれが一番難しいことなのかもしれない。

#### VOCABULARY

| | |
|---|---|
| てんさい | genius |
| しょうぎ | shogi |
| ボードゲーム | board game |
| スター | star |
| たんじょうする | be born |
| しじょうさいねんしょう | the youngest ever |
| しじょう | historically |
| さいねんしょう | youngest |
| ふじい そうた | Sota Fujii |
| はくしゅを おくる | applaud |
| はくしゅ | applause |
| サインいりの | with one's autograph |
| せんす | folding fan |
| ブーム | boom |
| まきおこる | arise, break out |
| みまもる | watch over |
| むちゅうに なる | be engrossed |
| ちゅういを むける | pay attention |
| ちゅうい | attention |
| むける | turn towards |
| はげしい | intensely, hard |
| そば | close by |
| なかせておく | let cry |
| バランスよく | balanced |
| ふじいけ | the Fujii family |
| ～け | . . . family |
| きょういくほうしん | educational policy |
| きょういく | education |
| ひとことで いうと | sum up |
| だが | however |

## QUESTIONS

① 藤井聡太さんが人々を驚かせたのは、どんなことですか。

..............................................................................................................

② 藤井さんのお母さんは子どもを育てるとき、どんなことを大切にしましたか。

..............................................................................................................

③ 子どもを育てるときにどんなことが大切だとあなたは思いますか。

..............................................................................................................

④ あなたが天才だと思う人は誰ですか。どんなことをした人ですか。

..............................................................................................................

## LISTENING

I Read the text below, then listen to the audio. Grasp the outline and choose the appropriate word(s) from the parentheses.

エリが 友だちの ユカが 入院している 病院に 来ました。

① ユカは（　車を 運転していて　・　バイクに のっていて　）こうつうじこに あった。

② ユカは（　これから 40 日間 入院する　・　40 日間 入院した　）。

③ エリは ユカの ために（　大学に れんらくする　・　山中先生に れんらくする　）。

④ テニス部の 友だちは（　あした　・　しゅじゅつの 後　）、おみまいに 来る。

⑤ エリは 今度 来るとき、（　花　・　イヤホン　）を 持ってくる。

II Answer the following questions.

① ユカは どんな けがを しましたか。

..............................................................................................................

② ユカは エリに 何を 持ってきてほしいと 言っていますか。

..............................................................................................................

III Now it's your turn to talk.

友だちや 家族が 入院したら、あなたは 何を してあげたいですか。

**VOCABULARY**

| エリ | Eri (first name) | ユカ | Yuka (first name) | テニスぶ | tennis club |
|---|---|---|---|---|---|

# LESSON 19 The Chairperson Will Be Visiting (Honorific)

## PRACTICE ① Honorific expressions

Fill in the blanks in the chart below with the appropriate words.

| | Honorific words | Neutral words |
|---|---|---|
| do | **e.g. 1.** なさいます | します |
| come | ① ／おいでになります | 来(き)ます |
| go | | 行(い)きます |
| be | | います |
| eat | ② | 食(た)べます |
| drink | | 飲(の)みます |
| say | ③ | 言(い)います |
| give | ④ | くれます |
| see | ⑤ | 見(み)ます |
| know | ⑥ | 知(し)っています |

| | | |
|---|---|---|
| return | **e.g. 2.** おもどりになります | もどります |
| quit | ⑦ | やめます |
| write | ⑧ | 書(か)きます |
| read | ⑨ | 読(よ)みます |
| try | ⑩ | ためします |
| arrive | ⑪ | 到着(とうちゃく)します |

## PRACTICE ② Honorific expressions

Complete the dialogues following the pattern of the example by choosing the appropriate word from the box and changing it to the appropriate honorific form. The words can be used only once.

| ~~行く(い)~~ | いる | 言う(い) | 来る(く) | する | 食べる(た) | 見る(み) | 知っている(し) |
|---|---|---|---|---|---|---|---|

A and B are talking about a person to be respected.

**1.** A：今日(きょう)は お客(きゃく)さまは どちらに？

B：工場(こうじょう)の 見学(けんがく)に e.g. <u>いらっしゃって</u>います。

**2.** A：きのうの 晩(ばん)の ニュースばんぐみ、① ............ か。

B：ああ、A 社(しゃ)の 開発(かいはつ)プロジェクトが 始(はじ)まったそうですね。

**3.** A：JBP ジャパンの 会長(かいちょう)を ② ............ か。

B：お名前(なまえ)だけは。

A：今度(こんど) うちの 会社(かいしゃ)で こうえん会(かい)が あります。よろしければ ③ ............ ませんか。

B：ありがとうございます。ぜひ。

**4.** A：こちらは 新商品(しんしょうひん)です。どうぞ ④ ............ みてください。

B：ありがとう。では、いただきます。あ、おいしいですね。

**5.** A：今回(こんかい)は どのくらい 日本(にほん)に ⑤ ............ んですか。

B：10 日間(かかん)です。週末(しゅうまつ)には 京都(きょうと)に 行きます。

**6.** A：どうか ⑥ ............ か。

B：いいえ、だいじょうぶです。

A：何(なに)か ありましたら、えんりょなく ⑦ ............ ください。

B：ありがとう。

**VOCABULARY**

| | |
|---|---|
| ニュースばんぐみ | news program |
| こうえんかい | lecture |
| よろしければ | (polite expression for よかったら) |

## PRACTICE ③ お／ご～に なる

Complete the dialogues following the pattern of the example by choosing the appropriate word from the box and changing it to the appropriate honorific form. The words can be used only once.

| ~~帰る~~ | もどる | 書く | 出かける | 読む | 説明する |
|---|---|---|---|---|---|

A and B are talking about the chairperson of JBP Japan.

1. A：JBP ジャパンの 会長は まだ こちらに いらっしゃいますか。

   B：1時間ぐらい前に e.g. お帰りに なりました。

2. A：JBP ジャパンの 会長が ① ………… 今朝の 新聞の コラム、② ………… か。

   B：ええ。大変 きょうみぶかい ないようでした。

3. A：新しい プロジェクトについては JBP ジャパンの 会長が 来週 こうえん会で ③ ………… そうです。

   B：そうですか。

4. A：JBP ジャパンの 会長は 今 いらっしゃらないんですか。

   B：ええ。今 ④ ………… いて、5時ごろ こちらに ⑤ ………… そうです。

## PRACTICE ④ ～ように 言う

Complete the dialogues following the pattern of the example by choosing the appropriate word from the box and changing it to the appropriate form. The words can be used only once.

| ~~予約します~~ | 集めます | 出ます | ふやします | 無理を しません |
|---|---|---|---|---|

1. 加藤　：大変です。急に M デパートの 社長が いらっしゃる ことに なりました。

   佐々木：じゃあ、すぐ 会議室を e.g. 予約するように ラジャさんに 言ってください。

2. 加藤　：大変です。今日の お客さまは 一人じゃなくて 二人だそうです。

   佐々木：じゃあ、すぐ レストランの 予約の にんずうを ① …………

**VOCABULARY**

| コラム | column | きょうみぶかい | interesting | にんずう | number of people |
|---|---|---|---|---|---|

ラジャさんに 言ってください。

3. 加藤　：大変です。Dフーズが うちと 同じ ような 食品を 開発中らしいです。

佐々木：本当ですか。じゃあ、すぐ じょうほうを ② ______________ ラジャさんに 言ってください。

4. 加藤　：大変です。鈴木さん、ねつが あるそうです。

佐々木：じゃ、代わりに ラジャさんに 会議に ③ ______________ 言ってください。鈴木さんには ④ ______________ 言ってください。

## LISTENING CHALLENGE

Read the text below, then listen to the audio and fill in the blanks with what you hear.

1. エマさんが 会社で のぞみデパートの 近藤さんと 話しています。　043

エマ：近藤さん、夏休みに イギリスに ① ______________ そうですね。

近藤：ええ、ロンドンに 行ってきました。

エマ：ロンドンは いかがでしたか。

近藤：楽しかったです。びじゅつかんを 回ったり、ミュージカルを 見たり しました。

エマ：ミュージカルは 何を ② ______________ んですか。

近藤：『ライオンキング』を 見ました。おもしろかったです。その 後 パブに 行ったんですが、パブは 楽しい ところですね。気に入って 毎日 通いました。

エマ：パブでは 何を ③ ______________ んですか。

近藤：イギリスの いろいろな ビールを 飲んでみました。

エマ：イギリスの ビールは いかがでしたか。

近藤：私は 好きですが、つまは にがてだと 言っていました。

エマ：そうですか。おくさまは そう ④ ______________ んですか。たしかに 日本の ビールとは ちょっと ちがいますね。

近藤：私は また 飲みたいです。

エマ：私も 好きです。会社の 近くに 世界 かくちの ビールが 飲める パブが あります。今度 ごいっしょに いかがですか。

近藤：いいですね。ぜひ。

### VOCABULARY

| | | | | | |
|---|---|---|---|---|---|
| Dフーズ | D Foods (fictitious company name) | かわりに | instead | おくさま | (polite word for おくさん) |
| | | ライオンキング | Lion King | | |

**2.** 加藤さんが 会社で 中村さんに 話しかけます。  044

加藤：中村さん、佐々木さんへの 伝言 おねがいできますか。佐々木さんは オンライン会議中なんですけど、私は 横浜支社で 打ち合わせが あって、今から 出かけるところなので。

中村：はい。

加藤：JBP ジャパンの 山中さんが 佐々木さんに ちょくせつ おねがいしたい ことが あると おっしゃっていたので、佐々木さんから ①＿＿＿＿＿＿＿＿ 伝えてもらえますか。

中村：JBP ジャパンの 山中さんですね。わかりました。

加藤：それから、打ち合わせが 長引いたら 今日は ②＿＿＿＿＿＿＿＿ 伝えてください。

中村：はい。

加藤：あと、スミスさんと ラジャさんは まだ もどっていませんね。

中村：ええ、まだ えいぎょう部との 会議中の ようです。

加藤：じゃあ、二人が もどったら、スミスさんには 今日の 5時から 予定していた 打ち合わせは ③＿＿＿＿＿＿＿＿ 伝えてください。ラジャさんには 今朝 たのんだ 資料を 今日中に ④＿＿＿＿＿＿＿＿ 言ってください。あした 朝一で 近藤さんに 送りたいので。それから、データの すうじを ⑤＿＿＿＿＿＿＿＿ 言ってください。

中村：わかりました。⑥＿＿＿＿＿＿＿＿ 伝えておきます。

VOCABULARY

| やまなか | Yamanaka (surname) |
| あさいちで | first thing in the morning |
| すうじ | figure, numeral |

## READING CHALLENGE

Read the passage, and write T if the statement below is correct and F if it is incorrect.
Emma posted something on social media.

先日(せんじつ) さかぐら 見学(けんがく)の ツアーに 参加(さんか)した。

おいしい お酒(さけ)を 作(つく)るには、おいしい おこめと おいしい 水(みず)が ひつようだ。この さかぐらの 近(ちか)くには きれいな 川(かわ)が ながれていて、工場内(こうじょうない)には いどが ある。とても いい ところだ。とないとは 思(おも)えない。

こちらの 会長(かいちょう)は 私(わたし)の 会社(かいしゃ)に いらした ことが ある。この 方(かた)は 90 さいで、現役(げんえき)でいらっしゃる。毎朝(まいあさ) 5時(じ)に 起(お)きて 朝食前(ちょうしょくまえ)に 川(かわ)ぞいの 道(みち)を 1時間(じかん)ぐらい 散歩(さんぽ)なさるそうだ。あんな ところを 朝早(あさはや)く 散歩(さんぽ)できたら、気持(きも)ちが いいだろうと 思(おも)う。朝食(ちょうしょく)を めしあがってから、しょくにんたちの 作業(さぎょう)を ごらんになる。さかぐらに いらっしゃると 心(こころ)が おちつくと おっしゃっていた。

会長(かいちょう)は 今後(こんご) 海外(かいがい)に もっと 日本酒(にほんしゅ)を 広(ひろ)めたいと お考(かんが)えだ。いろいろなことに きょうみを お持(も)ちで、私にも フランスの ワインについて たくさん 質問(しつもん)なさった。大変(たいへん) 勉強(べんきょう)ねっしんで、私(わたし)も 見習(みなら)いたいと 思(おも)った。

会長(かいちょう)は 長生(ながい)きの ひけつは お酒(さけ)だと おっしゃっていた。「酒(さけ)は ひゃくやくの 長(ちょう)」という ことばが あるそうだ。これは「飲(の)みすぎなければ、酒(さけ)は どんな くすりより こうかが ある」という 意味(いみ)だ。さすが しゅぞうメーカーの 会長(かいちょう)だ。お酒(さけ)の アピールを わすれない。会長(かいちょう)は 毎晩(まいばん) お酒(さけ)を 1合(ごう) めしあがって、早寝(はやね) 早起(はやお)きと 体(からだ)を 動(うご)かす ことを 心(こころ)がけていらっしゃるそうだ。

① (　　) エマさんが 見学(けんがく)した さかぐらは 東京(とうきょう)に ある。

② (　　) この 会長(かいちょう)は 毎朝(まいあさ) 食後(しょくご)に 散歩(さんぽ)を する。

③ (　　) エマさんは、海外(かいがい)に 日本酒(にほんしゅ)を 広(ひろ)めたいと 思(おも)っている。

④ (　　) エマさんは 会長(かいちょう)に フランスの ワインについて いろいろ 聞(き)かれた。

⑤ (　　) 会長(かいちょう)は 毎晩(まいばん) お酒(さけ)を 飲(の)む。

### VOCABULARY

- さかぐら　sake brewery
- ながれる (R2)　flow
- ～ない　inside
- いど　well
- とない　in Tokyo
- ちょうしょく　breakfast
- かわぞい　along the river
- しょくにん　worker, craftsperson
- べんきょうねっしん(な)　studious
- みならう　follow another's example
- ひけつ　secret, key
- さけは ひゃくやくの ちょう　sake is the best of all medicines
- こうか　effect
- さすが　impressive, as expected
- しゅぞうメーカー　sake brewery maker
- アピール　promotion
- 1ごう　1 *go* (a measurement used for sake; about 180 cc)
- しょくご　after a meal

# Please Let Us Know Your Impressions (Humble)

## PRACTICE ① Humble Expressions

Fill in the blanks in the chart below with the appropriate word.

| | Neutral words | Humble words I | Humble words II |
|---|---|---|---|
| do | します | | e.g. 2. いたします |
| come | 来(き)ます | e.g. 1. うかがいます | ⑨ |
| go | 行(い)きます | | |
| be | います | | ⑩ |
| eat<br>drink | 食(た)べます<br>飲(の)みます | ① | |
| say | 言(い)います | ② | ⑪ |
| give | くれます | | |
| receive | もらいます | ③ | |
| give | あげます | ④ | |
| see | 見(み)ます | ⑤ | |
| hear | 聞(き)きます | ⑥ | |
| know | 知(し)っています | ⑦ | ⑫ |
| meet | 会(あ)います | ⑧ | |

## PRACTICE ② Humble Expressions (Humble words I)

Complete the dialogues following the pattern of the example.
Inoue of ABC Japan's sales department is visiting Kojima of JBP Japan.

1. 小島（こじま）：今日（きょう）は あついですね。よろしければ、つめたい お茶（ちゃ）を どうぞ。
   井上（いのうえ）：ありがとうございます。e.g. いただきます。
   （飲（の）む）

2. 小島（こじま）：すてきな クリアファイルですね。
   井上（いのうえ）：へいしゃの ファイルなんです。
   (*Inoue takes out a new clear file from his bag.*)
   井上（いのうえ）：使（つか）っていない ものが ございますので、よろしければ、どうぞ。
   小島（こじま）：え、ありがとうございます。うれしいです。
   井上（いのうえ）：最近（さいきん） PR 用（よう）に 作（つく）った ものなんですが ざいこが ございますので、
   じかい ①__________ とき、みなさんの 分（ぶん）も ②__________。
   （来（く）る）　（持（も）ってくる）

3. 小島（こじま）：ところで、ロンドン銀行（ぎんこう）の ロバーツさんを ごぞんじですか。
   井上（いのうえ）：ブラウンさんの こうにんの 方（かた）ですよね。お名前（なまえ）は ③__________ が、
   （知（し）っている）
   まだ ④__________ ことは ありません。
   （会（あ）った）
   小島（こじま）：今度（こんど） ごしょうかいしますよ。
   井上（いのうえ）：ありがとうございます。

VOCABULARY

| | | | | | |
|---|---|---|---|---|---|
| よろしければ | (polite expression for よかったら) | | about one's company) | ロバーツ | Roberts (surname) |
| へいしゃ | (humble way of talking | PR | PR | こうにん | successor |
| | | ところで | by the way | | |

## PRACTICE ③ Humble Expressions (Humble words II)

Make up sentences following the pattern of the example.
A subordinate reports to his superior.

e.g. 部下(ぶか)：今週中(こんしゅうちゅう)に きかく書(しょ)を ていしゅつします。
→ 今週中(こんしゅうちゅう)に きかく書(しょ)を ていしゅついたします。

じょうし：そうですか。

① 部下(ぶか)：あさって 工場(こうじょう)の しさつに 行(い)きます。
→ ……………………

② 部下(ぶか)：JBP ジャパンからの 入金(にゅうきん)を かくにんしました。
→ ……………………

③ 部下(ぶか)：のぞみデパートの イベントに 参加(さんか)してきました。
→ ……………………

④ 部下(ぶか)：2階(かい)の 会議室(かいぎしつ)を 予約(よやく)しています。
→ ……………………

VOCABULARY

| しさつ | inspection | にゅうきん | payment |
|---|---|---|---|

## PRACTICE ④ お／ご～する

Complete the dialogues following the pattern of the example.

1. 小林(こばやし)　　：駅(えき)まで 車(くるま)で e.g. お送(おく)りします。　(送(おく)る)

   取引先(とりひきさき)の 人(ひと)：ありがとうございます。

2. 小林(こばやし)　　：レストランは 会社(かいしゃ)から 歩(ある)いて ５分(ふん)ぐらいです。

   ①…………………………。　(あんないする)

   取引先(とりひきさき)の 人(ひと)：ありがとうございます。

3. 取引先(とりひきさき)の 人(ひと)：とても いい お話(はなし)だと 思(おも)います。もっと ぐたいてきに うかがいたいです。

   小林(こばやし)　　：はい、すぐに ていあん書(しょ)を ②…………………………。

   (用意(ようい)する)

4. 小林(こばやし)　　：雨(あめ)が 降(ふ)ってきた ようですが、かさは お持(も)ちですか。

   取引先(とりひきさき)の 人(ひと)：え、そうですか。持(も)ってきていません。

   小林(こばやし)　　：よろしければ、かさを ③…………………………よ。　(貸(か)す)

   取引先(とりひきさき)の 人(ひと)：たすかります。じかい かならず ④…………………………。

   (返(かえ)す)

## LISTENING CHALLENGE

045

Listen to the audio. Write T if the statement below is correct and F if it is incorrect.

ABC フーズの パーティーに のぞみデパートの 大阪店(おおさかてん)から 上田部長(うえだぶちょう)が 来(き)ました。うけつけで スミスさんが 出(で)むかえます。

① (　　) 先月(せんげつ) スミスさんは 打(う)ち合(あ)わせの ために 大阪(おおさか)に 行(い)きました。

② (　　) スミスさんは 上田(うえだ)さんと 神戸(こうべ)に 行(い)きました。

③ (　　) 上田(うえだ)さんは うけつけから 会場(かいじょう)まで 一人(ひとり)で 行(い)きます。

VOCABULARY

| ていあんしょ | proposal | おおさかてん | Osaka branch | でむかえる (R2) | greet |
|---|---|---|---|---|---|

## READING CHALLENGE

Read the passage, and write T if the statement below is correct and F if it is incorrect.
Smith sent an internal email.

Sent：20 ××年 2 月 27 日

Subject：【3 月度】ていれいミーティングの ごあんない

かくい

おつかれさまです。

3 月度の ていれいミーティングを 以下の 通り かいさいいたします。

日時：3 月 5 日（火）13：00 ～ 15：00
場所：東京支社 8 階 大会議室

ごつごうの 悪い 方は ごれんらくください。
資料を てんぷいたしますので、事前に ごかくにんを おねがいいたします。

よろしく おねがいいたします。

商品開発部
スミス

① （　　）会議は 大阪支社で 行います。

② （　　）出席する 人は れんらくしなければ なりません。

③ （　　）スミスさんは メールに 資料を てんぷしました。

### VOCABULARY

| | | | | | |
|---|---|---|---|---|---|
| 3 がつど | for the month of March | かくい | dear all | だいかいぎしつ | main conference room |
| ていれいミーティング | regular meeting | いかの とおり | as follows | じぜんに | in advance |

# Which One Would You Like to Buy? (Honorific)

## PRACTICE ① ～れる／られる

Fill in the blanks in the chart below with the appropriate words.

| | Dictionary form | Honorific expression |
|---|---|---|
| go | いく | e.g. いかれる |
| buy | かう | ① |
| start, begin | はじめる | ② |
| talk, speak | はなす | ③ |
| come | くる | ④ |
| leave | でる | ⑤ |
| make a reservation | よやくする | ⑥ |
| make | つくる | ⑦ |

## PRACTICE ② ～れる／られる

Which do the れる・られる in the following sentences indicate? A: honorific expression; B: passive; or C: potential. Write A, B, or C in the parentheses.

A スミスさん、どちらに お車(くるま)を 止(と)められましたか。(honorific expression)

B スミスさんは 家(いえ)の 前(まえ)に 車(くるま)を 止(と)められて、こまっています。(passive)

C この ちゅうしゃじょうは 24 時間(じかん) 車(くるま)が 止(と)められます。(potential)

e.g. ( A ) この 本(ほん)を 読(よ)まれたんですか。いかがでしたか。

① (　　) 今朝(けさ)は いつもの 時間(じかん)に 起(お)きられなくて、会社(かいしゃ)に おくれてしまいました。

② (　　) 先生(せんせい)は 京都(きょうと)で ご家族(かぞく)に おみやげを 買(か)われましたか。

③ (　　) ほしかった ソファーを ほかの 人(ひと)に 買(か)われてしまって、がっかりしました。

④ (　　) 社長(しゃちょう)が 来年(らいねん)の 3月(がつ)で やめられると うかがいましたが、本当(ほんとう)ですか。

⑤ (　　) アシスタントに 急(きゅう)に やめられて こまっています。

⑥ (　　) けんこうに 悪(わる)いので、たばこを やめようと 思(おも)っているんですが、なかなか やめられません。

**VOCABULARY**

いつもの　usual

## PRACTICE ③ 〜ていただく／くださる／さしあげる

Complete the dialogue following the pattern of the example by choosing the appropriate word or phrase from the parentheses.

Mrs. Green has invited Sasaki to see a kabuki play and are at the Kabukiza Theatre.

佐々木　：グリーンさん、今日は かぶきに e.g.（ (さそってくださって) ・ さそってさしあげて ）、ありがとうございます。グリーンさんは、よく かぶきを ①（ 見ていただく ・ ごらんになる ）そうですね。

グリーン：ええ、月に 1度ぐらい 見に 来ています。日本に 来る 前は かぶきについて 何も 知らなかったんですよ。でも、友だちに チケットを もらって 見てみたら、いしょうが とても きれいで、好きに なりました。

佐々木　：初めて かぶきを 見に ②（ 来てくださった ・ 来られた ）ときの お話、ご主人に ③（ 聞いてくださいました ・ うかがいました ）。ご主人は よく わからなかったと おっしゃっていましたよ。

グリーン：私も 最初は よく わかりませんでした。でも、わかい かぶき役者の 方が 英語で 説明している 動画を 友だちが 教えてくれたんです。それを 見て 勉強しました。

佐々木　：そんな 動画が あるんですか。

グリーン：ええ。かぶきの れきしを わかりやすく 説明しています。動画では、おけしょうの 仕方も ④（ 見せてくれている ・ 見せていただいている ）んですよ。

佐々木　：すごいですね。私も 見てみたいです。その 動画の URL を ⑤（ 送ってさしあげます ・ 送っていただけます ）か。

グリーン：ええ、いいですよ。その 動画を 教えてくれた 友だちと 先月も 歌舞伎座に 来たんですけど、そのとき、有名な 役者さんに ⑥（ サインしてもらった ・ サインしてさしあげた ）んです。

佐々木　：そうですか。よかったですね。

**VOCABULARY**

| | | | |
|---|---|---|---|
| かぶきやくしゃ | kabuki actor | やくしゃ | actor |
| かぶきざ | the Kabukiza Theatre | サインする | sign, autograph |

## PRACTICE ④ お／ご～ください

Complete the dialogue following the pattern of the example by choosing the appropriate word or phrase from the box and changing it to the appropriate form. The words can be used only once.

A shopkeeper at a clothing shop and a customer are talking.

| | | |
|---|---|---|
| ~~見(み)てください~~ | 試(ため)してください | 入力(にゅうりょく)してください |
| 使(つか)ってください | 受(う)け取(と)ってください | |

店員(てんいん)：商品(しょうひん)は ご自由(じゆう)に お手(て)に 取(と)って e.g. ごらんください。

客(きゃく)　：これ、着(き)てみても いいですか。

店員(てんいん)：はい。どうぞ こちらの 試着室(しちゃくしつ)を ①＿＿＿＿＿＿。

*(Tries it on.)*

客(きゃく)　：すみません。ちょっと 小(ちい)さい ようです。

店員(てんいん)：では、ワンサイズ 上(うえ)の 物(もの)を お持(も)ちします。

*(The shopkeeper brings a larger size.)*

店員(てんいん)：お待(ま)たせいたしました。こちらを ②＿＿＿＿＿＿。

*(Tries it on.)*

客(きゃく)　：ちょうど いいです。これを いただきます。

店員(てんいん)：ありがとうございます。おしはらいは 現金(げんきん)ですか、カードですか。

客(きゃく)　：カードで おねがいします。

店員(てんいん)：はい。では、こちらに あんしょうばんごうを ③＿＿＿＿＿＿。

客(きゃく)　：これで いいですか。

店員(てんいん)：はい、ありがとうございます。レシートを ④＿＿＿＿＿＿。

**VOCABULARY**

| | | |
|---|---|---|
| しちゃくしつ　fitting room | ちょうどいい　just right | あんしょうばんごう　PIN (personal identification number) |
| ワンサイズうえ　one size larger | | |

## LISTENING CHALLENGE

**I** Listen to the audio and fill in the blanks with what you hear. 046

ABCフーズの 加藤(かとう)さんは びじゅつかんで ボランティアを しています。今日(きょう) 新聞記者(しんぶんきしゃ)が 加藤(かとう)さんのうちにインタビューに 来(き)ました。

記者(きしゃ)：加藤(かとう)さんは ボランティアを ①＿＿＿＿＿＿ そうですね。

加藤(かとう)：ええ。びじゅつかんで ボランティアを しています。

記者(きしゃ)：どんな ことを ②＿＿＿＿＿＿ んですか。

加藤(かとう)：びじゅつかんに 来(き)た 人(ひと)に えの 説明(せつめい)を しています。

記者(きしゃ)：どうして びじゅつかんで ボランティアを 始(はじ)めようと ③＿＿＿＿＿＿ んですか。

加藤(かとう)：じつは、私(わたし)は えが 好(す)きで、以前(いぜん)から よく びじゅつかんに 行(い)っていたんです。そこで 時々(ときどき) ボランティアの 方(かた)が わかりやすく 説明(せつめい)を してくださる ことが あって、その 方(かた)と えの 話(はなし)をするのが 楽(たの)しみに なりました。

記者(きしゃ)：そうですか。

加藤(かとう)：それで、何度(なんど)も 通(かよ)っていたら、その 方(かた)が「加藤(かとう)さんも ボランティアを してみませんか」と ④＿＿＿＿＿＿ ので、やってみようと 思(おも)ったんです。

記者(きしゃ)：説明(せつめい)の じゅんびは 大変(たいへん)でしょうね。

加藤(かとう)：ええ。でも、ちしきが ふえるし、いろいろな 人(ひと)と 知(し)り合(あ)えるし、楽(たの)しいですよ。

記者(きしゃ)：そうですか。びじゅつかんには 月(つき)に 何回(なんかい) ⑤＿＿＿＿＿＿ んですか。

加藤(かとう)：今(いま)は 月(つき)に 1回(かい)ですが、ふやしたいと 思(おも)っています。

記者(きしゃ)：本日(ほんじつ)は おいそがしい 中(なか) お話(はなし)を ⑥＿＿＿＿＿＿、ありがとうございました。

**VOCABULARY**

| きしゃ reporter | やってみる try doing |

**II** Listen to the audio and fill in the name of each thing pictured. 047

駅や 電車内での アナウンスで 使われる ことばです。

① ..............................

② ..............................

③ ..............................

④ ..............................

⑤ ..............................

⑥ ..............................

⑦ ..............................

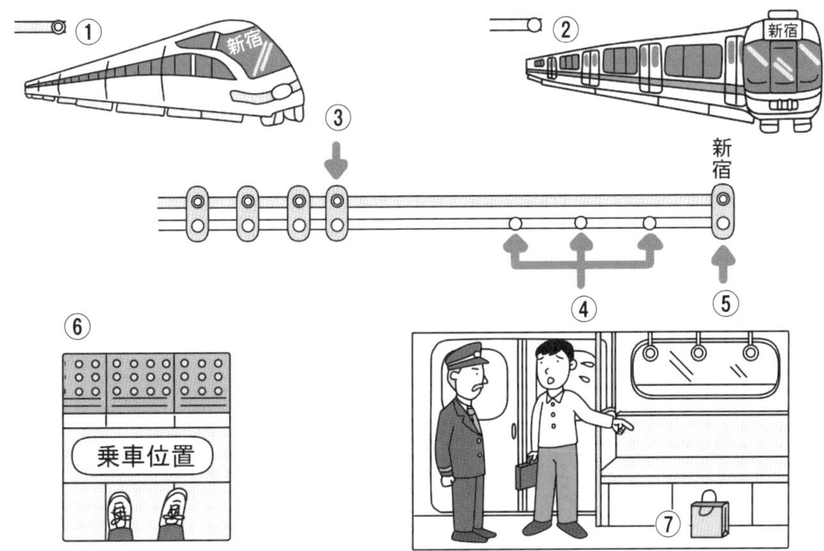


**III** Listen to the audio and write T if the statement is correct and F if it is incorrect. 048, 049

**1.** 駅の アナウンスです。

① (　　) この 駅で 特急電車に のりたい 人は 赤い マークの じょうしゃいちに ならびます。

② (　　) 特急電車は 新宿駅に 止まりません。

③ (　　) まもなく この 駅に 来るのは かくえきていしゃで、特急電車は その 後 来ます。

**2.** 電車内の アナウンスです。

① (　　) ちかてつを 利用する 人は 新宿駅で のりかえます。

② (　　) 車内で ふしんぶつを 見つけた ときは、駅員に 知らせます。

**VOCABULARY**

| | | | | | |
|---|---|---|---|---|---|
| とっきゅう | special express | じょうしゃいち | boarding position | かくえきていしゃ | local train |
| しんじゅくいき | bound for Shinjuku | とうえき | this station | しゅうてん | last stop |
| ～いき | bound for . . . | とちゅうえき | station in between | ふしんぶつ | suspicious object |

## READING CHALLENGE

Read the birthday cake order form, and write T if the statement below is correct and F if it is incorrect.

### バースデーケーキ注文書

ご注文 ありがとうございます。注文書に ご注文ないようを ご記入いただき、メールで そうしん、または 店まで お持ちください。

●メールで ご注文の 場合は、かくにん後、当店から メールで 代金などを ごれんらくいたします。なお、そうしん後 1日を すぎても れんらくが ない 場合は、おてすうですが、当店まで お電話ください。

●店に 注文書を お持ちいただいた 場合は、すぐ ないようを かくにんして、ひきかえけんを おわたしします。

●ケーキは お持ち帰りのみで、はいそうは できませんので、ごりょうしょうください。

●ケーキを 受け取りに いらっしゃる ときは、かならず 当店からの メールか ひきかえけんを お持ちください。

●代金は お受け取り当日に 現金、または カードで おしはらいください。

●キャンセルは、お受け取りきぼう日の 2日前までに おねがいします。それ以降に キャンセルされた 場合は、キャンセル料を いただきますので、ごりょうしょうください。

| お名前 | |
|---|---|
| お電話ばんごう／メールアドレス | ／ |
| お受け取りきぼう日時 | 月　日　午前・午後　時ごろ |

| ケーキの しゅるい | サイズ（チェック☑を 入れてください） | かず |
|---|---|---|
| | □4ごう・□5ごう・□6ごう | |
| メッセージ（チョコプレートに 入れる メッセージを ご記入ください） | | |
| | | |
| ろうそくの かず | 大　本・小　本 | |

パティスリー TAJA

電話：(03) 3459-9660
E-mail: ptaja@abc-mail.ne.jp

① (　　) メールで 注文した 場合は、店から 電話で 代金を れんらくしてくれます。

② (　　) 注文書を 店に 持っていった 場合は、その ときに 料金を しはらわなければ なりません。

③ (　　) 注文した ケーキは、家に とどけてくれます。

④ (　　) 注文を 無料で キャンセルできるのは、受け取りきぼう日の 前日までです。

#### VOCABULARY

バースデーケーキ　birthday cake
ちゅうもんしょ　order form
だいきん　price
おてすうですが　sorry for the trouble but
ひきかえけん　exchange receipt
おもちかえりのみ　take-out only
～のみ　only . . .
はいそう　delivery
ごりょうしょうください。　Thank you for your understanding.
(お)うけとりきぼうび　preferred pick-up date
キャンセルりょう　cancellation fee
(お)うけとりきぼうにちじ　preferred pick-up date and time
にちじ　date and time
チェック　check mark
～ごう　No. . . . (size of cake)
チョコプレート　chocolate plate
ろうそく　candle
だい　large
しょう　small
パティスリー TAJA　Patisserie TAJA (fictitious cake shop name)

## FURTHER PRACTICE 7

### READING

Read the passage and answer the questions.
This is Nozomi Department Store's online shopping site.

## 初めてご利用になるお客さまへ

のぞみオンラインショップにお越しいただき、ありがとうございます。
のぞみオンラインショップは株式会社のぞみデパートの
公式インターネットショッピングサイトでございます。
ファッションから食品・リビング用品・ギフトまで、
さまざまな商品を取り揃えております。
のぞみオンラインショップで、どうぞごゆっくりお買い物をお楽しみください。

**お買い物を始める前に会員登録が必要です**

お買い物を始めるには「のぞみデパート WEB 会員」登録が必要です。
入会金・年会費は一切かかりません。

新規会員登録はこちら 〉

**ウェブサイトの安心・安全**

お客さまに安心してお買い物をお楽しみいただくために、
ウェブサイトの安全管理に取り組んでおります。
お客さまの個人情報は、安全に管理されておりますので、安心してご利用いただけます。

**選べるギフト包装**

結婚のお祝いや出産祝いなど、用途に応じたギフト用包装をご指定いただけます。
母の日や父の日などのギフト商品は無料でメッセージカードをつけることができます。

**豊富なお支払い方法**

クレジットカード決済・ABC Pay・のぞみ友の会カード決済・コンビニ決済・
ネットバンキング・代金引換に対応しています。

### VOCABULARY

- のぞみオンラインショップ　Nozomi Online Shop (fictitious online shopping site)
- おこしいただく　visit
- かぶしきがいしゃ　Co.
- こうしき　official
- ファッション　fashion
- リビングようひん　living goods
- ギフト　gift
- とりそろえる（R2）assort
- かいいんとうろく　membership registration
- WEB かいいん　WEB member
- にゅうかいきん　registration fee
- ねんかいひ　annual fee
- いっさい　at all
- しんき　new
- あんぜんかんり　safety management
- とりくむ　work on
- しゅっさんいわい　baby shower gift
- ようと　occasion
- おうじる（R2）　respond
- ほうそう　wrapping
- していする　specify
- ははの ひ　Mother's Day
- ちちの ひ　Father's Day
- メッセージカード　message card
- けっさい　payment
- ABC Pay　ABC Pay (fictitious electronic payment service)
- のぞみとものかい　Nozomi Tomo no Kai (fictitious department store customer service)
- ネットバンキング　Internet banking
- だいきんひきかえ　cash on delivery

## QUESTIONS

① あなたはのぞみオンラインショップを初めて利用して、母の日のプレゼントを買いたいと思っています。最初に何をしなければなりませんか。

② あなたは母の日のプレゼントにメッセージカードをつけて、ギフト用の包装をしてほしいと思っています。のぞみオンラインショップで、できますか。

③ あなたはよくネットショッピングをしますか。

④ よくネットショッピングする人は、なぜお店に行かずにネットショッピングをしますか。しない人は、なぜしませんか。主な理由は何ですか。

## LISTENING

 050

I Read the text below, then listen to the audio. Grasp the outline and choose the appropriate word(s) from the parentheses.

> Terrorist attacks targeting airplanes and other transportation systems are occurring worldwide. In order to prevent such attacks, airports around the world conduct security checks. At Narita International Airport, too, carrying on liquids such as drinks are strictly restricted to prevent passengers from bringing explosives on board.

成田空港の 出発ロビーで ながれている アナウンスです。

① 出国てつづきの 後 めんぜい店で 買った 酒は ひこうきに（ 持ちこめる ・ 持ちこめない ）。

② ひこうきの 中で 赤ちゃんに 飲ませる ミルクを 持ちこむ ときは、係員に（ 知らせる ・ 知らせなくても いい）。

③ けんさの とき、くつは（ ぬぐ ことも ある ・ ぬがなくても いい ）。

II Now it's your turn to talk.

① あなたは 空港で ひこうきの 中に 持ちこめない にもつを 持っていて、注意された ことが ありますか。

② あなたは 空港で にもつの チェックが きびしいのは いいことだと 思いますか。きびしすぎると 思いますか。

**VOCABULARY**

| | | | | | |
|---|---|---|---|---|---|
| なりたくうこう | Narita Airport | ながれる（R2） | be played | めんぜいてん | duty free store |
| しゅっぱつロビー | departure lobby | しゅっこくてつづき | departure procedure | もちこむ | bring on |

# LESSON 22 I Will Leave ABC Foods

## PRACTICE ①

Follow the example and circle the appropriate sentence a or b that fits the underlined part.

e.g. きのうは 朝(あさ)から 夕方(ゆうがた)まで 図書館(としょかん)で 勉強(べんきょう)しました。それから、＿＿＿。

(a.) 渋谷(しぶや)に 行(い)って、友(とも)だちと 晩(ばん)ご飯(はん)を 食(た)べました

b. 先週(せんしゅう)は 図書館(としょかん)に 行(い)きませんでした

① しんかんせんは はやくて 便利(べんり)です。でも、＿＿＿。

a. 安全(あんぜん)です

b. ちょっと 料金(りょうきん)が 高(たか)いです

② あの レストランは 安(やす)くて おいしいです。それに、＿＿＿。

a. 駅(えき)から とおくて 不便(ふべん)です

b. ふんいきも いいです

③ たんぱく質(しつ)は 人(ひと)が 生(い)きていく ために かかせない ものですが、私(わたし)たちの 体(からだ)の 中(なか)で 作(つく)る ことが できません。ですから、＿＿＿。

a. 毎日(まいにち)の 食事(しょくじ)で 十分(じゅうぶん)に とる ことが 大切(たいせつ)です

b. たんすいかぶつも 私(わたし)たちが 生(い)きていく ために かかせない ものです

④ 来月(らいげつ)の 会議(かいぎ)には 支社長(ししゃちょう)と えいぎょう部(ぶ)の 部長(ぶちょう)も 参加(さんか)されます。それから、＿＿＿。

a. 工場長(こうじょうちょう)も 出席(しゅっせき)されます

b. ３階(がい)の 会議室(かいぎしつ)を 予約(よやく)しておいてください

⑤ 今日(きょう)の 会議(かいぎ)では 意見(いけん)が まとまりませんでした。そこで、＿＿＿。

a. 会議(かいぎ)が 長引(ながび)きました

b. あしたも 会議(かいぎ)を 行(おこな)う ことに なりました

VOCABULARY

| | | | | | |
|---|---|---|---|---|---|
| たんぱくしつ | protein | とる | take | こうじょうちょう | factory manager |
| じゅうぶん(な) | enough | たんすいかぶつ | carbohydrate | まとまる | settle on |

## PRACTICE ②

Follow the example and circle the appropriate sentence a or b that fits the underlined part.

e.g. 日本(にほん)には 食事(しょくじ)の 前(まえ)に「いただきます」と 言(い)う しゅうかんが ある。そして、……………。しょくざい そのものや、しょくざいを 育(そだ)ててくれた 人(ひと)、食事(しょくじ)を 作(つく)ってくれた 人(ひと)に かんしゃの 気持(きも)ちを のべる ことばだ。

(a.) 食事(しょくじ)の 後(あと)には「ごちそうさまでした」と 言(い)う

b. 食事(しょくじ)を 作(つく)った 人(ひと)が 食事(しょくじ)を する 人(ひと)に かける ことばではない

① 日本(にほん)では、４は よくない すうじだと 言(い)われている。４は「し」とも 発音(はつおん)されるので、「死(し)」と 同(おな)じ 音(おと)に なるからだ。それで、……………。

a. ９も、４と 同(おな)じ ように、よくない すうじだと 考(かんが)えられている。９は「く」とも 発音(はつおん)されるので、「くるしい」という ことばを 思(おも)い出(だ)すからだ

b. 病院(びょういん)や マンションなどでは、４ 階(かい)や ４が ふくまれる ばんごうの 部屋(へや)が ないことが ある

② 日本(にほん)の 教育(きょういく)せいどは いっぱんてきに ６－３－３－４せいと 言(い)われ、小学校(しょうがっこう)が ６年間(ねんかん)、中学校(ちゅうがっこう)が ３年間(ねんかん)、高校(こうこう)が ３年間(ねんかん)、大学(だいがく)が ４年間(ねんかん)で、小学校(しょうがっこう)と 中学校(ちゅうがっこう)が ぎむ教育(きょういく)である。学年(がくねん)は ４月(がつ)に 始(はじ)まり、つぎの 年(とし)の ３月(がつ)に 終(お)わる。しかし、……………。そこで、せいどを 変(か)えて、学年(がくねん)を ９月(がつ)に 始(はじ)めた 方(ほう)が いいのではないかという ぎろんが 起(お)こっている。

a. 会社(かいしゃ)の 年度(ねんど)も ４月(がつ)に 始(はじ)まるので、学生(がくせい)は すぐに しゅうしょくできる

b. 世界(せかい)では ９月(がつ)に 学年(がくねん)が 始(はじ)まる 国(くに)が 多(おお)く、日本人(にほんじん)の 学生(がくせい)は 海外(かいがい)に りゅうがくしにくいと 言(い)われている

### VOCABULARY

| | |
|---|---|
| そのもの | itself |
| かんしゃ | gratefulness |
| のべる (R2) | say, state |
| ごちそうさまでした。 | Thank you for the meal. |
| ことばを かける (R2) | say words to |
| し | death |
| おなじ ように | likewise |
| くるしい | painful |
| ふくむ | include |
| きょういくせいど | educational system |
| せいど | system |
| ６－３－３－４せい | the 6-3-3-4 system |
| ぎむきょういく | compulsory education |
| ぎむ | compulsory, duty |
| がくねん | grade |
| とし | year |
| ぎろん | debate |
| おこる | arise |
| ねんど | year, fiscal year |

## READING CHALLENGE

**1.** Read the passage, and write T if the statement below is correct and F if it is incorrect.

　日本では どくじの クリスマス文化が 発展してきた。しゅうきょうてきな 行事として クリスマスを いわう 人は 少なく、年末の 楽しい イベントとして 考えられている。12月に なると、まちの いたる ところで クリスマスソングが ながれて、まち中が カラフルな イルミネーションで かざられる。最近では クリスマスを テーマにした 大きぼな プロジェクションマッピングも 人気だ。

　世界では 家族で 集まって すごすのが いっぱんてきだが、日本では こいびとや 友人と すごす 日だと 考えている 人も 多い。12月25日より 12月24日の 夜の 方が じゅうしされているのも、海外とは 違う てんだ。クリスマスの じきには 特別な メニューを 用意する レストランが 多く、こうきゅうな レストランは クリスマスイブには カップルで いっぱいに なる。また、日本には クリスマスイブに「クリスマスケーキ」を 食べるという どくじの しゅうかんも ある。いちごと 白い 生クリームで デコレーションされた ケーキが ていばんだ。

　日本の クリスマスは これからも どくじの しんかを とげていくのかもしれない。

① (　　) 日本では クリスマスを しゅうきょうてきな 行事として いわっている 人が 多い。

② (　　) 日本では クリスマスに こいびとや 友人と すごす 人が 多い。

③ (　　) 日本では クリスマスイブに「クリスマスケーキ」を 食べる しゅうかんが ある。

### VOCABULARY

| | |
|---|---|
| どくじの | unique |
| はってんする | develop |
| しゅうきょうてき(な) | religious |
| ねんまつ | year-end |
| いたる ところ | everywhere |
| クリスマスソング | Christmas song |
| カラフル(な) | colorful |
| テーマに する | take up the theme |
| だいきぼ(な) | large-scale |
| プロジェクションマッピング | projection mapping |
| じゅうしする | place importance on |
| じき | time, period |
| こうきゅう(な) | high-end |
| クリスマスイブ | Christmas Eve |
| カップル | couple |
| いちご | strawberry |
| なまクリーム | whipped cream |
| デコレーションする | decorate |
| ていばん | standard |
| しんかを とげる (R2) | evolve |
| しんか | evolution |

## 2. せつぶん "Setsubun"

I The graph below shows the results of a survey conducted on the internet asking whether people held an annual Japanese event called "Setsubun." Read the text, look at the graph, and write T if the statement is correct and F if it is incorrect.

毎年 2月 初めに「せつぶん」という 行事が 行われます。「ふくは 内。おには 外」と 言いながら 家の 中で まめを まきます。「まめまき」を すると、うちから 悪い ことを おいだして、しあわせな ことを まねきいれる ことが できると しんじられています。せつぶんの 日には、けんこうを ねがって ねんれいと 同じ かずの だいずを 食べます。

せつぶんで「まめまき」を していますか

Do you do "mame-maki" on Setsubun?

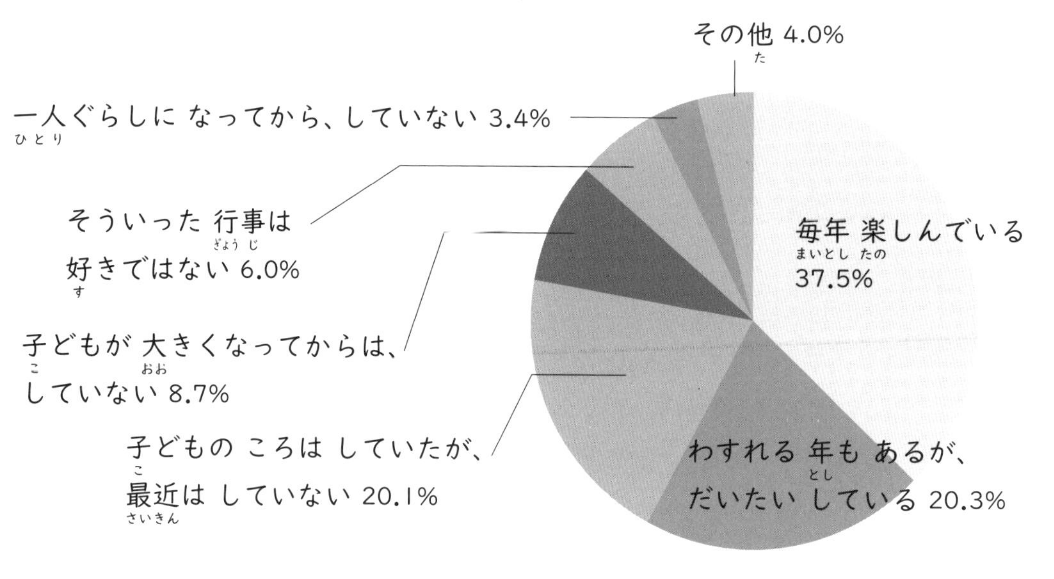


① (　　)「せつぶん」の 日に 家の 中で「まめまき」を すると、うちに しあわせな ことを まねきいれる ことが できると しんじられています。

② (　　) 毎年「まめまき」を していると 言う 人は 全体の 20.3%です。

**VOCABULARY**

| | | | | | |
|---|---|---|---|---|---|
| せつぶん | Setsubun (a day in early February for performing rituals to wish for a good year ahead) | うち | inside | まねきいれる (R2) | bring in |
| ふくは うち。 | Good fortune inside. | おには そと。 | Devils outside. | ねがう | wish |
| ふく | good fortune | おに | devil | ねんれい | age |
| | | まく | scatter, throw | そういった | such |
| | | まめまき | bean-throwing | そのた | others |
| | | おいだす | chase out | ぜんたい | whole |

## Ⅱ Which of the following opinions do you agree with or are close to?

あなたは でんとう行事(ぎょうじ)を していますか

Do you hold traditional events?

A：私(わたし)は かならず でんとう行事(ぎょうじ)を しています。でんとう行事(ぎょうじ)は 文化(ぶんか)ですから、つぎの 世代(せだい)に 伝(つた)えていくべきだと 思(おも)います。

B：私(わたし)は 子(こ)どもが 小(ちい)さい ときは していましたが、今(いま)は していません。このような 行事(ぎょうじ)は 大人(おとな)には ひつようないと 思(おも)います。でんとう行事(ぎょうじ)は 子(こ)どもが いる 家庭(かてい)で すれば いいと 思(おも)います。

C：私(わたし)は 一人(ひとり)ぐらしなので、めんどうだから していません。でんとう行事(ぎょうじ)を しない 人(ひと)が ふえていくのは 仕方(しかた)が ないと 思(おも)います。

## Ⅲ Answer the following questions.

① あなたの 国(くに)には どんな でんとう行事(ぎょうじ)が ありますか。

..................................................

..................................................

② あなたは でんとう行事(ぎょうじ)を していますか。

..................................................

..................................................

VOCABULARY

| | | | |
|---|---|---|---|
| でんとうぎょうじ | traditional event | つたえる (R2) | pass on |
| せだい | generation | ひつようない | unnecessary |

# LESSON 23 I'm Looking Forward to the Wedding

## PRACTICE ① Adverbs

Complete the dialogues by choosing the appropriate word from the box. Some words are not needed.

**e.g.** Suzuki and Smith are talking.

| ~~もう~~　　いつも　　もっと |
|---|

鈴木　：昼ご飯は <u>もう</u> 食べましたか。
スミス：ええ、食べました。

① Suzuki and Smith are talking.

| 大変　　よく　　とても |
|---|

鈴木　：最近 ______ ねむれないんです。
スミス：寝る 前に コーヒーを 飲まない 方が いいですよ。

② Kobayashi and Ueda of the sales department are talking.

| よく　　ずっと　　もっと |
|---|

小林：のぞみデパートからの 注文が キャンセルに なりました。
上田：どうしてですか。小林さん、______ くわしく 説明してください。

③ Nakamura and Suzuki are talking.

| まだ　　すぐ　　ずっと |
|---|

中村：鈴木さん、週末は いい 天気でしたね。どこか 行きましたか。
鈴木：いいえ、うちで ______ ゲームを していました。

④ Kobayashi of the sales department has come to the product development department and is talking with Suzuki.

| まず　　まだ　　もう |
|---|

小林：すみません、スミスさんは いますか。
鈴木：いいえ、いません。______ 会議室で 打ち合わせを していると 思います。

⑤ Suzuki is at a restaurant.

| もう　　もっと　　すこし |
|---|

鈴木　　　　　：すみません、ビールを ＿＿＿＿ 1本ください。

レストランの 人：はい。すぐに お持ちします。

## PRACTICE ② Adverbs

Follow the example and circle the appropriate sentence a or b that fits the underlined part.

e.g. ２月なのに、今日は あまり ＿＿＿＿。

(a.) さむくないですね

b. さむいですね

① 道が こんでいたので、なかなか ＿＿＿＿。

a. バスが おくれました

b. バスが 来ませんでした

② 商品の PR の ために イベントを 行ったが、全く ＿＿＿＿。

a. 売り上げは 変わらなかった

b. 売り上げが ふえた

③ 日本に 来るまで、一度も ＿＿＿＿。

a. 日本料理を 食べた ことが ありました

b. 日本料理を 食べた ことが ありませんでした

④ 英語の 学校に 行ったり、毎日 英語の ニュースを 聞いたり していますが、ちっとも 英語が ＿＿＿＿。

a. 上手に なりません

b. 話せるように なりました

⑤ ざいしょく中は 大変 お世話に なりました。ABC フーズで みなさんに 教えていただいた ことは 決して ＿＿＿＿。

a. わすれません

b. かんしゃしております

## READING CHALLENGE

Read the passage and answer the questions.
Smith wrote a blog post.

12月なのに、先週から 春の ように あたたかい。日曜日に Tシャツ 1まいで 出かけたら、まわりの ねんぱいの 日本人に じろじろ 見られた。友だちに 聞いたら、それは 私が きせつに 合った 服装を していなかったからだろうと 言っていた。そういえば その 人たちは あたたかいのに、みんな 冬の 服装を していた。わかい 人は きせつの 服装に こだわらない 人が ふえているけど、むかしは きせつごとに 着る 着物が 決まっていたので、ねんぱいの 人には その しゅうかんが 今でも のこっているのだろうと 友だちは 言っていた。

日本人が きせつかんを 大事に してきたのは、しきが はっきりしているからだろう。おんだん化が すすんで、冬が さむくなく なったら、日本人の きせつかんも 変わっていくのだろうか。

① 友だちは ねんぱいの 日本人が スミスさんを じろじろ 見た 理由は 何だと 言いましたか。

② まわりの ねんぱいの 日本人は どんな 服装を していましたか。

③ スミスさんは、日本人が きせつかんを 大事に してきたのは どうしてだと 思っていますか。

VOCABULARY

| | | | | | |
|---|---|---|---|---|---|
| ねんぱい | elderly | こだわる | be particular about | おんだんか | global warming |
| じろじろ みる (R2) | stare | だいじに する | value | | |
| ふくそうを する | dress | しき | four seasons | | |

## READING & WRITING

### さそいと へんしん　An Invitation and Some Replies

**A.**

**I** Read the following passages.

① Raja sent an e-mail to his former classmates and seniors at college.

そうしんしゃ：ナレシュ・ラジャ

けんめい：おさそい

---

みなさま

お元気(げんき)ですか。ラジャです。

早(はや)いもので、しゅうしょくして 1 年(ねん)が たちました。

仕事(しごと)を 始(はじ)めてから ずっと いそがしくて、なかなか みなさんに

お会(あ)いできなかったのですが、仕事(しごと)が 少(すこ)し おちついたので、

うちで お花見(はなみ)パーティーを しようと 思(おも)います。かんたんな 料理(りょうり)を

用意(ようい)する つもりです。

再来週(さらいしゅう)の 土曜日(どようび)の 午後(ごご)、ごつごうは いかがですか。

うちの マンションの となりに 大(おお)きい さくらの 木(き)が あって、

去年(きょねん) きれいな 花(はな)が さきました。今年(ことし)も つぼみが ついているので、

多分(たぶん) 2 週間後(しゅうかんご)には さいていると 思(おも)います。

では、みなさまに お会(あ)いできるのを 楽(たの)しみに しています。

お返事(へんじ)、お待(ま)ちしています。

ラジャ

---

**VOCABULARY**

| | | | | | |
|---|---|---|---|---|---|
| (お)さそい | invitation | けんめい | subject | つぼみ | bud |
| そうしんしゃ | sender | はやいもので | time flies | | |
| ナレシュ | Naresh (first name) | つぼみが つく | bud | | |

② A reply came from his classmate, Yuta Hayashi.

そうしんしゃ：林(はやし) 優太(ゆうた)
けんめい：Re：おさそい

---

おさそい、ありがとう。

ワインは 赤(あか)で いい？ いつか 飲(の)もうと 思(おも)って 大切(たいせつ)に 取(と)っておいたのが あるから、
持(も)っていくよ。ほかにも 何(なに)か 持(も)っていった 方(ほう)が いい 物(もの)が あったら、
れんらくください。

ひさしぶりに 会(あ)えるの、楽(たの)しみに してるよ。

林(はやし)

③ A reply came from his senior, Aoi Tada.

そうしんしゃ：多田(ただ) あおい
けんめい：Re：おさそい

---

ラジャさん

お花見(はなみ)パーティーへの おさそい、ありがとうございます。
ぜひ 行(い)きたかったんですが、その 週(しゅう)は 出張(しゅっちょう)で 大阪(おおさか)に 行(い)っています。
しばらく 会(あ)っていないのに、うかがえなくて ざんねんです。

ラジャさん、もう 仕事(しごと)には なれましたか。
わたしは 会社(かいしゃ)に 入(はい)って、もうすぐ 3 年(ねん)です。最近(さいきん) ますます いそがしく
なってきましたが、仕事(しごと)は おもしろいので、がんばっています。
ラジャさんの きんきょう、また 聞(き)かせてください。

あおい

VOCABULARY

| | | | | | |
|---|---|---|---|---|---|
| ゆうた | Yuta (first name) | ただ | Tada (surname) | きんきょう | one's updates |
| とっておく | save | あおい | Aoi (first name) | | |

Ⅱ Pretend that you are Raja's friend and write a reply.

B.

Ⅰ Read the following passages.

Nakamura and her friends are communicating via a smartphone app.

ヒロ

> 来週(らいしゅう) 14日(か)って、さっちゃんの たんじょう日(び)だよね。さっちゃんに ないしょで、うちで サプライズパーティー しない？ ちょうど 日曜日(にちようび)だから、お昼(ひる)ごろから 集(あつ)まって、みんなで じゅんびするのは どう？ さっちゃんには 5時(じ)ごろ うちに 来(き)てって 言(い)っとくから、みんなで びっくりさせようよ。

春菜(はるな)

> ひさしぶり！ サプライズパーティー、いいね！ 14日(か)、OKです。みんなで ピザ 作(つく)るのは どう？ ざいりょう、買(か)っていこうか？

中村(なかむら) まゆみ

> おそくなって ごめんね。今(いま) 仕事(しごと) 終(お)わった ところ。サプライズパーティー、楽(たの)しそう！ 今日(きょう)は 仕事(しごと)で しっぱいしたり して、最悪(さいあく)な 一日(いちにち)だったんだけど、元気(げんき)に なった。ありがとう。14日(か)は 午前中(ごぜんちゅう)に 渋谷(しぶや)で 用事(ようじ)が あるから、ヒロの ところに 行(い)くの、1時半(じはん)ごろに なりそう。渋谷(しぶや)で さっちゃんの 好(す)きな チョコレートケーキ、買(か)っていくね。

Ⅱ Pretend that you are Hiro's friend and write a reply.

VOCABULARY

| | | | | | |
|---|---|---|---|---|---|
| ヒロ | Hiro (nickname) | サプライズパーティー | surprise party | OK | OK |
| さっちゃん | Satchan (nickname) | じゅんびする | prepare | ごめん | sorry |
| ないしょで | secretly | はるな | Haruna (first name) | さいあく(な) | the worst |

# LESSON 24 Thank You for Attending the Product Launch

## LISTENING CHALLENGE

Read the text below, then listen to the audio and fill in the blanks with what you hear.

**1.** ABC フーズの パーティーで ラジャさんは 以前 お世話に なった 中野さんに 会いました。 051

ラジャ：中野さん、① ________________。

中野　：ああ、ラジャさん、おひさしぶりです。

ラジャ：② ________________、ありがとうございます。

中野　：こちらこそ、お招き ありがとうございます。

ラジャ：③ ________________、ありがとうございました。

中野　：いいえ、こちらこそ。

ラジャ：④ ________________。

中野　：まあ、あいかわらずです。ラジャさんは？

ラジャ：はい、毎日 いそがしすぎて、おそい 時間に 夕食を 食べるので、少し ふとってしまいました。それで、このままでは 体に よくないと 思って、先週から ⑤ ________________。

中野　：そうですか。それは いいですね。私は 毎日 バスに のらないで、会社まで 30 分 歩くように しています。歩き始めてから、体の 調子が よく なりました。

ラジャ：それは いい ことですね。ところで、中野さん、⑥ ________________ ________________。

中野　：いえ、まだですが…。

ラジャ：では、⑦ ________________。どうぞ、こちらへ。

VOCABULARY

| まあ well | あいかわらず the same as usual |

**2.** スミスさんは アメリカ大使館での パーティーで 初めて 会った 人に 声を かけます。

052

スミス：にぎやかな パーティーですね。

松本　：ええ、そうですね。私は 初めて 来たんですが、こちらの パーティーには よく いらっしゃるんですか。

スミス：私は ２度目です。

松本　：そうですか。日本には どのくらい 住んでいらっしゃるんですか。

スミス：来月で まる３年に なります。週末は 旅行したり、おいしい レストランに 行ったりして、①……………………。

松本　：いいですね。旅行は どちらに いらっしゃったんですか。

スミス：日光や 箱根に ②……………………。おんせんが 好きなので。

松本　：おんせんは 私も 大好きです。

スミス：そうなんですか。いい おんせんを ③……………………………………。

松本　：私が いちばん 好きなのは、熊本の 黒川温泉です。ちょっと とおいんですけど。

スミス：熊本ですか。羽田から ２時間ぐらいでしょうか。

松本　：ええ、そうですね。黒川温泉は 熊本空港から 車で １時間ぐらいです。

スミス：じつは つぎの 休みには 九州に 行きたいと 思っていたので、黒川温泉にも 行ってみます。

松本　：ええ、おすすめですので、ぜひ。

スミス：あ、すみません。④……………………………………。いい じょうほうを ありがとうございました。

松本　：いいえ、こちらこそ。お話しできて 楽しかったです。

**VOCABULARY**

| | | | | | |
|---|---|---|---|---|---|
| くまもと | Kumamoto (prefecture in southern Japan) | はねだ | Haneda | きゅうしゅう | Kyushu (island in southern Japan) |
| くろかわおんせん | Kurokawa Onsen | くまもとくうこう | Kumamoto Airport | | |

## TASK ①

Pretend you are speaker A who is attending a party hosted by your company. Following the scenario below and using LISTENING CHALLENGE 1 (p. 136) as a sample, carry on a conversation with speaker B, a Japanese guest with whom you have worked together with before but have not seen in a while.

A: Greets B and remarks on how long it has been since they last met

B: Reciprocates

A: Thanks B for coming to the party

B: Expresses thanks for being invited

A: Thanks B for his/her services during their previous encounter

B: Responds

A: Asks B about work

B: Answers, then asks A the same question

A: Answers, then talks about recent developments in own life

B: Comments on A's statements, then talks about own goings-on

A: After responding, changes the topic and asks if B has met one's department manager

B: Answers in the negative

A: Leads B toward manager after offering to introduce B to him/her

## TASK ②

Pretend you are speaker A attending a formal party. Following the scenario below and using LISTENING CHALLENGE 2 (p. 137) as a sample, carry on a conversation with speaker B, whom you have met for the first time.

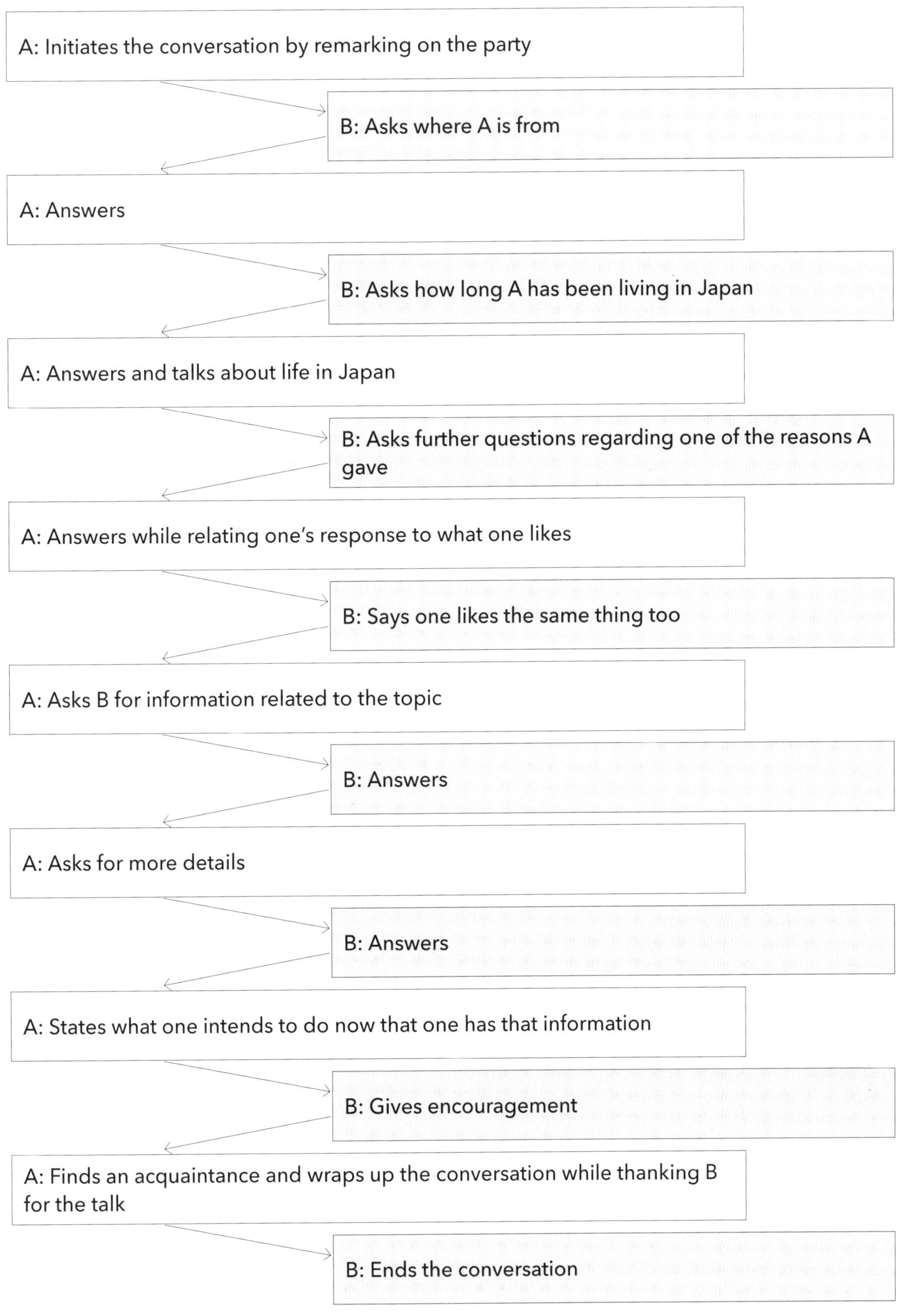

FURTHER PRACTICE 8

## READING

Read the passage and answer the questions.

### 進化する自販機（自動販売機）

外を歩くと、公園、オフィス、駅など、いろいろな所で自販機を見かける。日本は人口に対する自販機の数が世界第１位だ。ここまで自販機が普及したのには日本らしい理由がある。まず、治安がいいので、屋外に置いてあっても、こわされて商品やお金がぬすまれる被害が少ないことだ。また、さまざまな機能を持つ自販機があることも理由の一つだ。例えば、冷たい飲み物と温かい飲み物が選べる自販機は日本独自の技術で開発されたものだ。これだけでなく、自販機の機能は今も年々進化している。

ところが、その自販機の数が、国内では2000年の560万台をピークに年々減ってきている。人口減少、コンビニの普及などが主な理由だ。

こうした厳しいビジネス環境の中で、自販機メーカーはさまざまな新しい自販機を開発している。冷凍食品用の自販機では、冷凍ぎょうざやラーメンなど、これまで自販機で販売できなかった商品が販売できるようになり、人気だ。また、地震や台風などの災害が多い日本では、災害が起きたときに災害支援自販機として使えるものも少しずつ増えてきている。災害が起きたとき以外はふつうの自販機だが、災害で停電や断水が起きたときは、バッテリーの電源に切り替えることができる。そして、中の飲み物を無料で提供したり、自販機の電光掲示板で情報を知らせたりすることができる。スマホの充電に使える機能がついたものもある。

最新技術を活用した日本の自販機は海外でも注目され、国内の数は減少しているが、輸出額は年々増加している。

#### VOCABULARY

| | |
|---|---|
| しんかする | evolve |
| じはんき | abbreviation of vending machine |
| じどうはんばいき | vending machine |
| じんこう | population |
| ～にたいする | relative to . . . |
| だい１い | number one |
| だい～い | number . . . |
| ここまで | to this point |
| ふきゅうする | become popular |
| ちあんがいい | safe |
| おくがい | outdoors |
| きのう | function |
| ピーク | peak |
| げんしょう | decline |
| れいとうしょくひん | frozen food |
| ぎょうざ | *gyoza* (Chinese dumpling) |
| さいがいしえんじはんき | disaster relief vending machine |
| ていでん | power outage |
| だんすい | water outage |
| バッテリー | battery |
| きりかえる（R2） | switch |
| でんこうけいじばん | electronic bulletin board |
| かつようする | utilize |
| ゆしゅつがく | export value |
| ねんねん | yearly |
| ぞうかする | increase |

## QUESTIONS

① この文によると、日本が人口に対する自販機の数、世界第１位になった理由が２つあります。どんなことですか。

② あなたの国にはどんな自販機がありますか。

③ あなたが知っているめずらしい自販機があったら、どんな自販機か説明してください。

## LISTENING

053

I Listen to the audio and circle the statements that are correct.

自転車で 帰ってきた ラジャさんは エントランスの 前で マンションの かんりにんに 声を かけられました。

① きのうの 夜 ラジャさんが 自転車を 止めたのは

(a) マンションの 自転車おき場です。

(b) マンションの エントランスの 前です。

② きのうの 夜、かんりにんは

(a) ちゅうしゃじょうに 車を 入れようと した 人を おこりました。

(b) ちゅうしゃじょうに 車を 入れようと した 人に おこられました。

③ 先週、エントランスの 近くに 止めた ラジャさんの 自転車を いどうしたのは

(a) ラジャさんです。

(b) かんりにんです。

II Now it's your turn to talk.

① あなたの 住んでいる ところでも、自転車や 車を 止める 場所や 止め方について、トラブルが ありますか。

② あなたは 自転車や 車を 止めるとき、どんなことに 気を つけていますか。

VOCABULARY

| エントランス | entrance | じてんしゃおきば | bicycle parking lot |
|---|---|---|---|